Benjamin Tanga Lou...

Etude et dimensionnement d'un réseau WiMAX

Benjamin Tanga Louk

Etude et dimensionnement d'un réseau WiMAX

Cas de Douala1.com

Éditions universitaires européennes

Mentions légales / Imprint (applicable pour l'Allemagne seulement / only for Germany)
Information bibliographique publiée par la Deutsche Nationalbibliothek: La Deutsche Nationalbibliothek inscrit cette publication à la Deutsche Nationalbibliografie; des données bibliographiques détaillées sont disponibles sur internet à l'adresse http://dnb.d-nb.de.

Toutes marques et noms de produits mentionnés dans ce livre demeurent sous la protection des marques, des marques déposées et des brevets, et sont des marques ou des marques déposées de leurs détenteurs respectifs. L'utilisation des marques, noms de produits, noms communs, noms commerciaux, descriptions de produits, etc, même sans qu'ils soient mentionnés de façon particulière dans ce livre ne signifie en aucune façon que ces noms peuvent être utilisés sans restriction à l'égard de la législation pour la protection des marques et des marques déposées et pourraient donc être utilisés par quiconque.

Photo de la couverture: www.ingimage.com

Editeur: Éditions universitaires européennes est une marque déposée de
Südwestdeutscher Verlag für Hochschulschriften GmbH & Co. KG
Dudweiler Landstr. 99, 66123 Sarrebruck, Allemagne
Téléphone +49 681 37 20 271-1, Fax +49 681 37 20 271-0
Email: info@editions-ue.com

Produit en Allemagne:
Schaltungsdienst Lange o.H.G., Berlin
Books on Demand GmbH, Norderstedt
Reha GmbH, Saarbrücken
Amazon Distribution GmbH, Leipzig
ISBN: 978-613-1-59836-4

Imprint (only for USA, GB)
Bibliographic information published by the Deutsche Nationalbibliothek: The Deutsche Nationalbibliothek lists this publication in the Deutsche Nationalbibliografie; detailed bibliographic data are available in the Internet at http://dnb.d-nb.de.

Any brand names and product names mentioned in this book are subject to trademark, brand or patent protection and are trademarks or registered trademarks of their respective holders. The use of brand names, product names, common names, trade names, product descriptions etc. even without a particular marking in this works is in no way to be construed to mean that such names may be regarded as unrestricted in respect of trademark and brand protection legislation and could thus be used by anyone.

Cover image: www.ingimage.com

Publisher: Éditions universitaires européennes is an imprint of the publishing house
Südwestdeutscher Verlag für Hochschulschriften GmbH & Co. KG
Dudweiler Landstr. 99, 66123 Saarbrücken, Germany
Phone +49 681 3720-310, Fax +49 681 3720-3109
Email: info@editions-ue.com

Printed in the U.S.A.
Printed in the U.K. by (see last page)
ISBN: 978-613-1-59836-4

DEDICACES

À

✵ *Mes parents, Mr et Feue Mme LOUK,*

✵ *Francine MBENG NDIP TABE,*

✵ *Raïssa Nadège HYOCKBA,*

✵ *Mon frère cadet, Guy-Bertrand EBASSA.*

En reconnaissance des sacrifices consentis

REMERCIEMENTS

Ce travail a été effectué à la Direction Technique de **Douala1.com**, Département Ingénierie, Groupe *Telecoms*. Il a été relu et corrigé par le Professeur **Emmanuel TONYE**, enseignant au Département des Génies Electriques et des Télécommunications de l'Ecole Nationale Supérieure Polytechnique de Yaoundé, et par l'Ingénieur **TADOMGNO Guy Pascal**, Responsable du *Telecoms Group* au sein de la société **Douala1.com**. Je les remercie d'avoir apporté une critique constructive à la rédaction de ce livre.

- Le Professeur **Emmanuel TANYI** a accepté sans hésitation de recadrer ce travail, en me prodiguant d'abondants conseils et mises en garde : je l'en remercie infiniment.
- Je remercie les Docteurs **Olivier VIDEME BOSSOU** et **Edouard ONDOUA**, Chargés de Cours au Département des Génies Electriques et des Télécommunications de l'Ecole Nationale Supérieure Polytechnique de Yaoundé, d'avoir accepté de contribuer à la validation de ce travail.

Mes remerciements vont également à l'endroit de :

- Ma très chère grande famille,
- Ma très chère sœur ainée **CHOUCHOU**,
- Des familles **LOUK, NGAH, MESSI**, et **NJOYA**,
- M. **Georges TCHOUNKEU**,
- Mme **Philomène NDJOA**,
- Mon très cher oncle décédé **NJOYA Martin**,
- Tous mes **Amis**,
- Tous mes camarades de classe et de promotion.
- Je remercie par-dessus tout **Celui Par Qui** rien n'est impossible.

GLOSSAIRE

ADSL	Asymmetric Digital Subscriber Loop.
ATM	Asynchronous Transfer Mode
AU	Access Unit.
BTS	Base Transceiver Station, station de base.
CDMA	Code Division Multiplexing Access.
DHCP	Dynamic Host Configuration Protocol.
DL	Down Link, communications en lien descendant.
DS-CDMA	Direct Sequence CDMA.
FCH	Frame Control Header.
FEC	Forward Error Correction Coding, codage correcteur d'erreurs.
FH-CDMA	Frequency Hopping CDMA.
GSM	Global System for Mobile communications.
HFC	Hybrid Fibre-Coaxial
HSDPA	High Speed Downlink Packet Access.
HST	Hot StandBy, commutation à chaud, au niveau des émetteurs.
ICC	Interférence Co- Canal.
IDU	Indoor Unit, module intérieur d'un équipement radio.
IEEE	Institute of Electrical and Electronics Engineers.
ISS	Interférences Inter-Symboliques.
IP	Internet Protocol.
MAC	Media Access Control.
MIMO	Multiple Input Multiple Output.
MPLS	Multi Protocol Label Switching.

NLOS	Non Line Of Sight.
OC	Optical Carrier.
ODU	Outdoor Unit, module extérieur d'un équipement radio.
OFDM	Orthogonal Frequency Division Multiplexing
OFDMA	Orthogonal Frequency Division Multiplexing Access.
OSI	Open Systems Interconnection.
PBH	Peak Busy Hour, Heure de pointe.
PDU	Protocol Data Unit.
QAM	Quaternary Amplitude Modulation, modulation d'amplitude en quadrature.
QPSK	Quadratic Phase Shift Keying.
SAT3	South Atlantic 3.
SIMO	Single Input Multiple Output.
SNR	Signal to Noise Ratio.
SONET	Synchronous Optical Network.
SU	Subscriber Unit, équipement d'abonné.
TH-CDMA	Time Hopping CDMA.
UL	Up Link, Communication en lien montant.
VLAN	Virtual Local Area Network.
WiMAX	Worldwide Interoperability for Micro Wave Access, ou Norme 802.16.

RESUME / ABSTRACT

Le déploiement d'un réseau WiMAX constitue un investissement colossal lié essentiellement au coût des infrastructures. La mise en place du réseau d'accès radio représente une partie majoritaire du total des investissements en infrastructures. Dans ce contexte, le dimensionnement des éléments de ce réseau d'accès devient, pour un opérateur, un enjeu fondamental permettant de prévoir de façon exacte ses investissements et de garantir une bonne qualité de service aux utilisateurs. **Douala1.com** voudrait renforcer son rang de géant national dans la fourniture des connexions haut débit à travers le WiMAX qui est l'une des technologies les plus sollicitées dans le domaine de la transmission des données par ondes radio. Il est donc question dans ce livre de proposer une méthodologie de déploiement d'un tout nouveau réseau WiMAX dans la ville de Douala en se basant sur des modèles de propagations et de trafic bien définis, puis de simuler les résultat afin de valider la méthode.

The deployment of a WiMAX network is a huge investment primarily related to the cost of infrastructures. The establishment of a radio access network represents a majority of total investment in infrastructures. In this context, planning the radio access network becomes, for an operator, a fundamental challenge to accurately predict its investments and also to ensure good quality of service to end users. **Douala1.com** would like to strengthen its position as a national giant in providing broadband connections through WiMAX, which is one of the most requested Technologies in the field of data transmission by radio waves. The aim of this book is firstly to propose a methodology of deploying a WiMAX network in the city of Douala on the basis of propagation models and traffic models well defined, and then to simulate the results in order to validate the process.

LISTE DES FIGURES ET DES TABLEAUX

Liste des figures

Liste des tableaux

TABLE DES MATIERES

1ᵉʳᵉ Partie Introduction

Introduction générale

Un réseau peut être vu comme l'ensemble de ressources mises en place pour offrir un ensemble de services. L'évolution des services et des trafics qui en découlent a piloté, dans les dernières années, l'évolution technologique permettant d'augmenter la capacité et les fonctionnalités des ressources des réseaux. Par ailleurs la concurrence a amené une baisse des prix de la plupart des services classiques, ce qui a réduit les revenus de certains opérateurs. D'autre part, l'offre de services innovants et l'amélioration de la qualité des services existants requièrent une évolution de la bande passante à l'accès. Ainsi, des technologies comme l'ADSL, les réseaux HFC et le WiMAX se sont développées.

La société **Douala1.com** qui fait partie des pionniers nationaux dans le domaine des services réseau de télécommunications, pour remédier aux limitations de sa BLR, veut aborder le domaine de la technologie WiMAX dans l'otique de profiter de toutes les opportunités qu'elle offre à savoir Bande passante, QoS, nouveaux services multimédia, mobilité, …etc. À cet effet, nous avons travaillé dans le cadre de ce livre sur l' «*Étude et dimensionnement d'un réseau WiMAX: cas de Douala1.com* ».

Dans ce contexte, la mission qui nous concerne se résume en trois points principaux : étudier les caractéristiques et relever les insuffisances de la BLR de **Douala1.com**; dimensionner le réseau d'accès WiMAX susceptible de desservir la totalité de la ville de Douala et raccordable au Backbone MPLS en cours de déploiement ; simuler et implémenter cette solution.

Pour faire état de notre contribution à la réussite de cette mission à **Douala1.com** nous avons organisé ce travail autour de sept chapitres.

Les deux premiers chapitres nous plongent dans le vif du contexte ; ils retracent de façon sommaire l'évolution et le développement de la norme WiMAX et en donne les principes de base. La problématique est exposée au chapitre 3, dans lequel nous rappelons la préoccupation principale liée au sujet. Elle est suivie par la méthodologie aux chapitres 4 et 5. Dans ces deux chapitres, nous décrivons la solution proposées, ainsi que les moyens utilisés pour y parvenir. Au chapitre 6 nous présentons et commentons les résultats de notre travail. Le chapitre 7 est réservé à la présentation des simulations. Enfin, la conclusion est libellée en dernière partie; on y trouvera en outre les perspectives envisageables pour ce travail.

2ᵉ Partie Contexte

Chapitre 1 : Généralités sur le WiMAX

Introduction

La première partie de ce travail qui fait état du contexte présente, sur le plan général, la société **Douala1.com**, aborde la notion de réseau sans fil, puis présente les concepts sur lesquels se base la technologie WiMAX. Dans cette optique, les aspects normes et protocoles de cette technologie sont étudiés. Enfin, une comparaison concise du réseau WiMAX et d'autres réseaux sans fil permet de conclure sur les alternatives de déploiement et l'intérêt qu'a un fournisseur de services réseau et d'accès internet à l'instar de **Douala1.com** à s'ouvrir au monde du WiMAX.

1.1 Présentation de l'entreprise Douala1.com

Douala1.com S.A est une société anonyme camerounaise à administrateur unique créée en Juin 2000. Sa principale activité est la fourniture de services réseaux de télécommunications. En Janvier 2001 elle met en service une Boucle Locale Radio (BLR) dans la ville de Douala pour la fourniture des services Internet et l'interconnexion sans fil. Deux ans plus tard, elle signe un contrat de connexion au Backbone Internet SAT3 (fibre optique sous marine traversant la côte Ouest Africaine, de l'Afrique du Sud au Portugal) avec la CAMTEL. Ceci lui a permit d'étendre ses compétences aux domaines suivants :

- Service d'accès Internet et Connectivités diverses.

- Réseaux locaux LAN câblé et sans fil.

- Réseaux étendus : BLR, Faisceau Hertzien, VSAT, fibre optique.

- Commutation routage et sécurité réseau.

- Téléphonie IP.

- Conception, déploiement d'infrastructure de communication.

Douala1.com S.A fonctionne sur la base d'un organigramme détaillé pour répondre efficacement aux attentes de ses nombreux clients et relever les défis de l'intégration de ses systèmes et services : **« *Networking People, Applications & Content* »**.

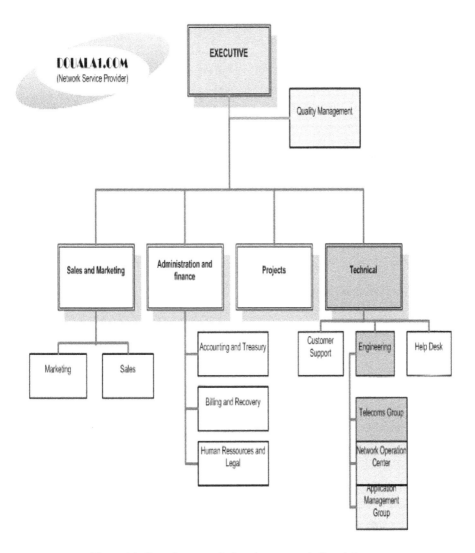

Figure 1.1: Organigramme de fonctionnement de Douala1.com.

La direction technique de **Douala1.com** qui nous a accueilli dans le cadre de ces travaux constitue le cœur de l'entreprise. À travers ses trois départements *Engineering*, *Customer Support*, et *Help Desk*, elle a pour principales missions :

- La gestion de la plateforme de production de **Douala1.com**.
- L'accompagnement technique des clients : livraison et service après vente.
- L'assistance aux clients et l'administration du système gestion des incidents.
- La gestion des projets et des relations avec l'ART, la CAMTEL et le MINPTT.

Nous avons particulièrement travaillé dans le groupe *Telecoms* du département *Engineering*, responsable de la gestion de la plateforme de production.

1.2 Les réseaux sans fil

1.2.1 Solutions des réseaux sans fil

Il existe plusieurs types de réseaux sans fil, chacune offrant une connectivité avec plus ou moins de fonctionnalités selon le périmètre géographique :

- ✳ **Réseaux personnels sans fil WPAN** (*Wireless Personal Area Networks*): ou IEEE 802.15.1 (Bluetooth, Infrarouge) ; offre un débit théorique de 1 Mbps pour une portée maximale d'une trentaine de mètres.
- ✳ **Réseaux locaux sans fil WLAN** (*Wireless Local Area Networks*): Technologie Wifi, Hyperlan, ou IEEE 802.11 : débits allant jusqu'à 54 Mbps sur une distance de plusieurs centaines de mètres.
- ✳ **Réseaux métropolitains sans fil WMAN** (*Wireless Metropolitan Area Networks*): Technologie WiMAX, connue sous le nom 802.16. Permet de monter à des débits de 10 à 70 Mbps pour une portée de 4 à 50 kilomètres.

✳ **Réseaux étendus sans fil WWAN** (*Wireless Wide Area Network*): Technologies GSM, GPRS, UMTS (ou 3G), connues également sous le nom IEEE 802.20.

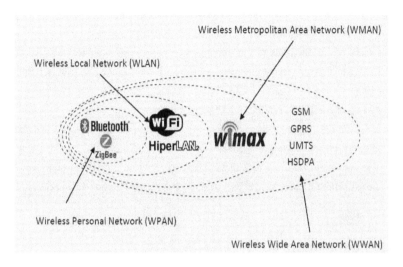

Figure 1.2: Normes de réseaux sans fils.

S'il est vrai que nous nous focaliserons sur une seule de ces technologies, le WiMAX, il n'en demeure pas moins que, présenter même de façon succincte, les avantages et les inconvénients des réseaux sans fil est salutaire.

1.2.2 Avantages des réseaux sans fil

▤ **Mobilité :** Mouvement constant de l'utilisateur avec sa connexion au réseau.

▤ **Facilité d'installation :** Même dans les zones et les conditions défavorable.

▤ **Réduction du temps d'installation :** Le réseau accessible beaucoup plus vite.

▤ **Fiabilité :** Le câble n'est pas ou est très peu utilisé.

■ **Économies de coûts à long terme :** Quasiment pas de maintenance.

■ **Reconfiguration aisée.**

1.2.3 Défauts des réseaux sans fil

Les avantages des réseaux sans fil sont certainement bien accueillis par les fournisseurs et les abonnés. Cependant, on recense un certain nombre de limitations qui leur sont inhérents. Notamment :

- **Les signaux d'interférences :** Vulnérabilité aux bruits d'origine diverse.
- **La gestion de l'alimentation :** À cause de la mobilité, les récepteurs sans fil doivent disposer de batteries de grande autonomie.
- **La sécurité des réseaux :** Facilité d'espionner passivement ou activement un canal radio.
- **La capacité:** Le réseau sans fil dispose d'un débit plus faible qu'un réseau câblé.

1.3 Fondamentaux sur WiMAX [4]

1.3.1 Naissance de la norme 802.16

À la fin des années 90, plusieurs organisations réfléchissent sur la mise en place des réseaux de communications sans fil à haut débit. Les réseaux hauts débits filaires sont en plein boom, mais aucun standard n'existe pour les communications sans fil à haut débit.

Avec la croissance rapide et l'effervescence que connaît le marché des nouvelles technologies, comme Internet, plusieurs industriels développent leurs propres Standards et les commercialisent. Il n'y a pas de réglementation universelle pour ces réseaux et les solutions sont variées : utilisation de protocoles différents et non compatibles entre eux, bandes de fréquences non fixées... Dans le but de diriger dans un seul sens les recherches et de mettre au point un standard unique pour les communications sans fils, l'IEEE se réunit la première fois en Juillet 1999. Après un travail de deux ans, elle va valider en décembre 2001 la première norme 802.16.

1.3.2 Le WiMAX Forum

Le WiMAX Forum est une organisation à but non lucratif créée en 2001 suite à publication des premiers standards WiMAX. L'organisation réunit les acteurs de l'industrie des télécommunications afin de promouvoir les produits haut débit sans fil suivant la norme de l'IEEE 802.16.

Le WiMAX Forum regroupe aujourd'hui plus de **520** entreprises (fournisseurs de service, instituts de réglementation, équipementiers...) afin de satisfaire les utilisateurs de la technologie. La délivrance par WiMAX Forum de la certification « *WiMAX Forum Certified* » permet de s'assurer que le matériel est bien conforme au standard WiMAX. Ainsi elle évite les dysfonctionnements du réseau dus à la non-interopérabilité. Lors de la certification, WiMAX Forum s'assure du suivi des procédures décrites dans les standards de l'IEEE et vérifie l'interopérabilité des produits. Les premiers produits certifiés WiMAX sont ceux des sociétés **Alvarion, Aperto Networks, Redline Communications, SEQUANS Communications** et **Wavesat**. Les certifications pour le WiMAX mobile n'ayant commencé qu'en 2007. Aujourd'hui, la portée du WiMAX Forum s'étend dans le monde entier : Allemagne, Japon, Cameroun, USA,...La **Figure 1.3** illustre l'universalité du WiMAX forum.

1.3.3 Le WiMAX au Cameroun

Le WiMAX étant encore une technologie émergeante, plusieurs opérateurs ne savent pas exactement s'il y a du marché et si la technologie répond aux attentes de cet éventuel marché. L'ART a toute fois donné l'autorisation d'exploitation de la bande WiMAX à plusieurs opérateurs nationaux comme l'indique le **Tableau 1.1**. Le prix pour un abonnement WiMAX varie entre **10 000** et **900 000 FCFA/mois** selon les opérateurs et selon la bande passante souscrite pour des débits maximums d'environ **2 Mbps** en réception et **256 kbps** en émission.

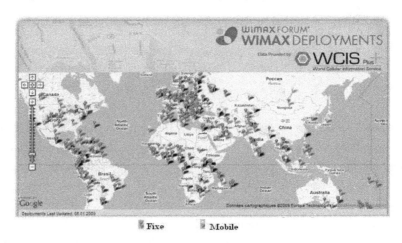

Figure 1.3: Universalité du WiMAX Forum [13].

N°	Operator	Supplier	City	Type	Frequencies	Status
1	Orange	Alvarion	Douala	802.16d	2.5 GHz	In service
2	Saconets	Alvarion	Yaoundé	802.16d	3.4 GHz	In service
3	MTN	Redline Communication	Douala	802.16d		In service
4	Airtel Telecom	SR Telecom	Douala	802.16d		

Tableau 1.1: Opérateurs WiMAX: cas du Cameroun.

1.3.4 La normalisation WiMAX

Initialement conçu pour fonctionner entre **10** et **66 GHz** en 2001, la norme 802.16 s'est par la suite intéressée aux bandes **2 - 11 GHz** donnant naissance en 2003 à **802.16a** qui fut amendée en 2004 en **802.16d**. En 2005, une nouvelle version du standard est ratifiée : **802.16e** ou WiMAX mobile qui définit la possibilité d'utiliser les WMAN pour des clients mobiles dans la plage **2-6 GHz**. Le **Tableau 1.2** décrit l'évolution du Standard 802.16.

Standard	Description	Publié	Statut
IEEE std 802.16-2001	Définit des réseaux métropolitains sans fil utilisant des fréquences supérieures à 10 GHz (jusqu'à 66 GHz)	8 avril 2002	obsolète
IEEE std 802.16c-2002	Définit les options possibles pour les réseaux utilisant les fréquences entre 10 et 66 GHz.	15 janvier 2003	obsolète
IEEE std 802.16a-2003	Amendement au standard 802.16 pour les fréquences entre 2 et 11 GHz (OFDM).	1er avril 2003	obsolète
IEEE std 802.16-2004 (également désigné 802.16d)	Révision des standards de base 802.16, 802.16a et 802.16c: elle est nomade	1er octobre 2004	obsolète/actifs
IEEE 802.16e (également désigné IEEE std 802.16e-2005)	Apport de la solution mobile du standard, jusqu'à 60 km/h. utilisation des techniques de modulation OFDMA(SOFDMA)	7 décembre 2005	actif
IEEE 802.16f	Spécifie (Management Information Base), pour les couches MAC (media access control) et PHY (Physical)	22 Janvier 2006	actif

Tableau 1.2: Evolution de la norme 802.16.

1.3.5 La mobilité WiMAX

La mobilité permet à un terminal mobile de rester connecté en situation de déplacement (voiture, transports en commun, métro). Dans cette situation, le client peut changer de zone de couverture de manière transparente. La mobilité du WiMAX se veut proche de celle de la téléphonie mobile. Elle permet des déplacements à une vitesse maximale de **120km/h**, avec un débit légèrement plus faible que le WiMAX fixe. De nouvelles techniques (SOFDMA, turbo codes, antennes intelligentes...) sont employées afin d'améliorer les performances de transmission.

1.4 Technologies concurrentes

À coté du WiMAX, plusieurs solutions large bande sont déployées. Les plus considérables sont les systèmes cellulaires de troisième génération (3G) basés sur le standard UMTS, et le WiFi basé sur le standard IEEE 802.11.

1.4.1 WiMAX et 3G

Les opérateurs GSM (*Global System for Mobile Communications*) sont favorables à l'évolution des normes UMTS (*Universal Mobile Telephone System*) et HSDPA (*High Speed Downlink Packet Access*) pour leurs réseaux 3G. Le HSDPA offre des débits pouvant atteindre **14Mbps** en voie descendante et **320kbps** en voie montante.

Le débit fourni par un système WiMAX dépend de la largeur du canal utilisée. Contrairement aux systèmes 3G qui ont des canaux de largeur fixe, le WiMAX introduit des canaux de largeur variant entre 1.25MHz et 20MHz rendant son déploiement très flexible.

1.4.2 WiMAX et WiFi

Tirant profit de l'utilisation des bandes fréquences gratuites, Le WiFi (802.11) utilise des puissances d'émission très basses, rendant le signal très sensible aux obstacles (murs béton, cloisons métalliques...). À la base WiMAX et WiFi sont deux standards complémentaires. Le premier est plus adapté au transport et à la collecte des « *Hot Spot*[i] » tandis que l'autre est plus destiné aux réseaux locaux. Leur dépendance commune à la technique OFDM leur permet de supporter des trafics considérables. Ce qui n'est pas le cas avec les 3G qui implémente plutôt du CDMA.

La **Figure 1.4** donne une comparaison entre les différentes technologies sans fil présentes sur le marché de nos jours, en fonction de la mobilité et la capacité.

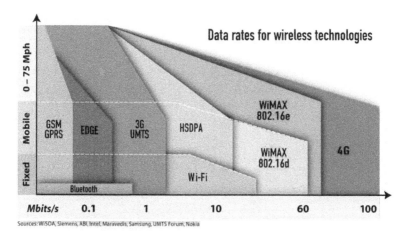

Figure 1.4: Classification des technologies concurrentes du WiMAX.

Le **Tableau 1.3** présente un autre aspect de la comparaison entre les nouvelles technologies sans fil. Il en ressort que lorsque seule la capacité est contraignante lors du déploiement, on peut

---

[i] Encore appelé AP (*Access Point*) dans le jargon WiFi, désigne un point d'accès WiFi.

recourir au WiFi ; par contre l'UMTS est recommandé si couverture (donc portée) et mobilité sont les soucis majeurs. Le WiMAX constitue l'alternative entre les technologies suscitées : on y fera recours lorsque les contraintes de capacité, de couverture et de mobilité sont réunies.

	WiFi 802.11g	WiMAX 802.16 d	WiMAX 802.16 e	CDMA 2000 1x EV-DO	WCDMA/ UMTS
Portée Typique	100 m	8 km	5 km	12 km	12 km
Débit maximal	54 Mbps	75 Mbps	30 Mbps	2.4 Mbps	2 Mbps
Bande de fréquence	2.4 GHz	2-11 GHz	2-6 GHz	400-2100 MHz	1800 – 2100 MHz
Disponibilité	Oui	Oui	Oui	Oui	Oui
Application	Wireless LAN	Bande large	Mobile	Mobile	Mobile

Tableau 1.3: Comparaison de quelques technologies sans fil.

1.4.3 Les applications du WiMAX

Le WiMAX répond aujourd'hui aux exigences des utilisateurs qui demandent des services illimités à large bande et de qualité. Les applications du WiMAX ont été schématisées par le cycle de la **Figure 1.5**:

Figure 1.5: Atouts et applications du 802.16.

Les applications de la technologie WiMAX peuvent être résumées dans les domaines suivants :

- **Voix illimitée** : VoIP en forte croissance en télécommunications.
- **Internet haut-débit** : Quelque dizaines de Mbps DL, volume illimité.
- **Vidéo / TV Mobile, Jeux** : Grace à un faible temps de latence.
- **Applications Mobile** : Haut débit en mobilité, *remote/mobile VPN*.

Conclusion

En résumé, le WiMAX occupe une place centrale entre le WiFi et les technologies 3G en termes de bande passante offerte, couverture, QoS, mobilité, et même prix. De nos jours, les opérateurs qui ont investi dans la 3G ou le WiFi regardent avec méfiance le WiMAX, se contentant des évolutions qui leur sont immédiatement proches : HSDPA pour la 3G et 802.11n pour le WiFi. Toutefois, WiMAX reste actuellement très répandue du fait de ses performances et dispose de nombreux avantages qui devraient inciter les fournisseurs d'accès des pays en voie de développement tel que **Douala1.com** de le considérer comme une réelle alternative à la téléphonie mobile à travers sa version mobile.

Chapitre 2 : Techniques du WiMAX

Introduction

Ce chapitre est un rappel général destiné à la compréhension des notions et termes techniques évoquées dans notre mémoire et qui sont inhérentes à la technologie WiMAX. Partant de l'architecture générale, nous rappellerons tour à tour les couches de protocole, les fonctions de la chaine de transmission : modulation, codage, multiplexage, et la structure de la trame. De cette manière, nous définirons les préceptes servant de socle au dimensionnement.

2.1 Architecture d'un réseau WiMAX

Un réseau WiMAX comprend 3 parties : la radio, le cœur du réseau et les équipements terminaux.

- **La partie radio :** Représentant la partie accès du réseau, elle comprend la station de base, le contrôleur d'accès WiMAX et le centre d'opération et de maintenance.
- **Le cœur du réseau :** Il est constitué de la passerelle d'accès au réseau ou **ASN-GW** (*Access Service Network Gateway*) et des éléments de connexion au réseau tels que :
  - Le serveur **AAA** (*Authentification, Autorisation, and Accounting*) chargé de la gestion des adresses **IP** (*Internet Protocol*) des abonnés.
  - Un serveur qui gère les informations relatives à l'identité des abonnés.

− **Les équipements terminaux :** Essentiellement constitués de **CPE**, ordinateurs portables, **PDA**, téléphone **3G**…etc.

La **Figure 2.1** illustre l'architecture générale adaptée d'un réseau WiMAX. Nous pouvons distinguer le cœur du réseau du fournisseur et réseau d'accès qui connecte l'utilisateur final au reste du réseau.

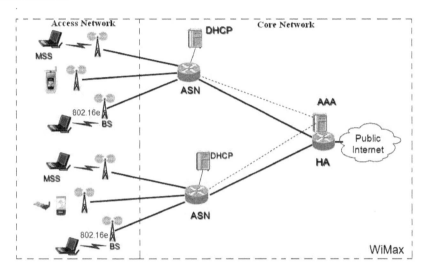

Figure 2.1: Architecture d'un réseau WiMAX.

2.2 Couches de protocole

Des 7 couches du modèle **OSI**, le WiMAX n'affecte que les deux aspects de l'interface air à savoir la couche physique et la couche **MAC** (*Media Access Control*) ou couche de liaison de données, **Figure 2.2**.

La couche MAC est subdivisée en 3 sous-couches :

- **Sous-couche de convergence :** convertit les données de taille variable **PDUs** (*Protocol Data Units*) en bloc de taille fixe, traite 2 types de services : le trafic **ATM** et les paquets (IP, Ethernet).

- **La sous-couche commune :** permet l'établissement de la connexion, l'allocation de la bande passante, le suivi de la connexion et la gestion de la QoS.

- **La sous-couche de sécurité :** autorise le WiMAX d'implémenter les principales fonctionnalités de confidentialité, intégrité, authentification à travers le cryptage.

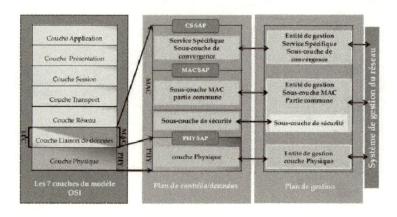

Figure 2.2: Modèle en couche du WiMAX.

La couche Physique transforme les trames issues de la couche MAC en flux binaires, les traite ensuite, question de minimiser les erreurs de transmission. Elle existe sous différentes versions suivant la gamme de fréquences, tel qu'identifié dans le **Tableau 2.1**.

Désignation	Fréquence	LoS/NLoS	Duplexage
WirelessMAN-SC	10-66Ghz	LoS	TDD,FDD
WirelessMAN-SCa	2,5-11Ghz	NLoS	TDD,FDD
WirelessMAN-OFDM	2,5-11Ghz	NLoS	TDD,FDD
WirelessMAN-OFDMA	2,5-11Ghz	NLoS	TDD,FDD
Wireless-HUMAN	2,5-11Ghz	NLoS	TDD

Tableau 2.1: Les différents types de couches physiques.

2.3 Multiplexage - Modulation

2.3.1 La technique OFDM

L'OFDM (*Orthogonal Frequency Division Multiplexing*) OFDM divise une plage de fréquence en plusieurs sous-canaux espacés par des zones libres de tailles fixes, **Figure 2.3**. Par la suite, l'algorithme du **FFT** (*Fast Fourier Transform*) véhicule le signal à travers les sous-canaux. C'est également cet algorithme qui se charge de la reconstitution du message à la réception. Ce principe diminue la perception des interférences notamment en NLOS.

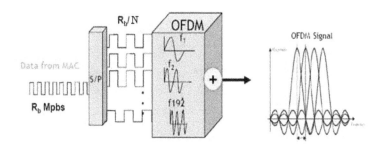

Figure 2.3: Principe de l'OFDM.

Sur le signal OFDM émis de la **Figure 2.3**, l'orthogonalité se traduit par le fait que toutes les autres sous-porteuses s'annulent si l'une d'elle atteint son maximum. Les différentes sous-porteuses se chevauchent mais grâce à l'orthogonalité n'interfèrent pas entre elles. Ceci permet d'optimiser l'utilisation spectre radio.

Toutes les sous-porteuses d'un symbole OFDM ne sont pas utiles à la transmission. On en distingue 4 types : **Figure 2.4**.

- ✴ **Sous-porteuses Data:** utiles à la transmission.
- ✴ **Sous-porteuses pilotes:** utilisées pour l'estimation du canal et la synchronisation.
- ✴ **Sous-porteuses nulles:** utilisées comme fréquences de garde.
- ✴ **La sous-porteuse DC** (*Direct Current*): non-modulée, elle est utilisée pour éviter la saturation de l'amplificateur.

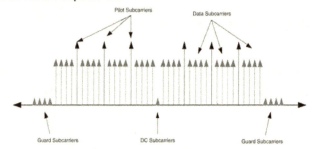

Figure 2.4: Représentation dans le domaine fréquentiel d'un symbole OFDM.

Les transmissions OFDM sont très sensibles à l'interférence inter-symboles (**IIS**). Une démodulation simple est favorisée si la durée des symboles utiles est grande par rapport au retard maximum (*delay spread*) du canal. En introduisant une bande de garde, il est possible d'éliminer les IIS. La **Figure 2.5** illustre la chaîne de transmission et de réception complète d'un système OFDM.

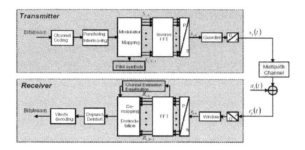

Figure 2.5: Chaîne de transmission complète.

2.3.2 La technique OFDMA

L'OFDM est à origine conçu pour un seul accès ; l'OFDMA (*Orthogonal Frequency Division Multiples Access*) reprend ses principes, mais il est désormais possible d'attribuer jusqu'à 2048 utilisateurs de manière dynamique [2].

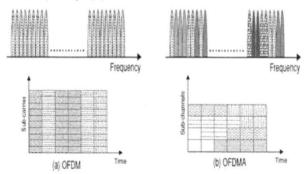

Figure 2.6: La technique OFDMA

À un intervalle de temps donné, tandis qu'OFDM alloue la totalité de la bande à un utilisateur unique, OFDMA alloue la même bande à plusieurs utilisateurs différents comme l'illustre la **Figure 2.6**.

2.3.3 Modulation adaptative-codage

L'idée de base de la modulation adaptative est de transmettre du très haut débit au moment où le canal est favorable, et utiliser une modulation plus robuste lorsque les conditions de transmission ne sont pas bonnes, ceci évite la perte de paquets bien que le débit diminue. Selon le rapport signal sur bruit (**SNR**), la station réceptrice et la station de base négocient le type de modulation le plus approprié parmi les options disponibles (BPSK, QPSK, QAM), comme illustré par la **Figure 2.7**. De faibles débits sont obtenus en utilisant des petites constellations (QPSK), et des codes à faibles rendement 1/2; et les débits élevés avec des constellations plus larges comme 16 ou 64 QAM, et des codes de correction plus rentables à taux de contournement d'au moins 3/4.

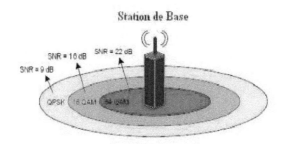

Figure 2.7: Principe de la modulation adaptative.

2.4 Structure d'une trame WiMAX

La trame WiMAX est constituée de 2 sous-trames : une sous-trame DL et une sous-trame UL séparées d'un intervalle de garde. **Figure 2.8**. Le ratio sous-trame DL/sous-trame UL varie de 3:1 à 1:1 de manière à supporter différents profils de trafic.

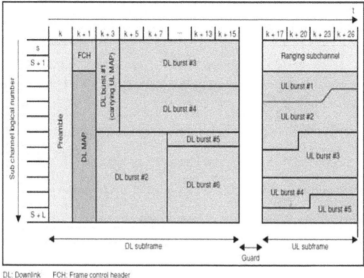

Figure 2.8: Structure d'une trame WiMAX.

Chaque sous-trame est constituée de plusieurs champs. Le premier symbole de la trame comporte le préambule utile à la synchronisation en temps et en fréquence, l'estimation initiale du canal, du bruit et des interférences. Les sous-canaux initiaux du symbole qui suit le préambule sont réservés à l'entête de correction : FCH (Frame Control Header) qui contient les informations relatives au nombre de sous-porteuses utilisées, au début et à la durée des champs. Le FCH est toujours codé en BPSK-R1/2[ii] pour s'assurer de la fiabilité des informations qu'il renferme même en bordure de cellule. Il est suivi des champs MAP (Mapping messages) qui définissent les intervalles de temps et les sous-porteuses alloués à chaque utilisateur dans la trame. Enfin les Burst représentent l'information utile proprement dite.

[ii] Modulation BPSK et codage de rendement 1/2.

Conclusion

Du fait de la performance des techniques qu'elle utilise, la technologie WiMAX supplante toutes ses concurrentes. En effet, le codage, la modulation et la technique d'accès OFDMA permettent au WiMAX :

❑ Une utilisation efficace du spectre radio (Orthogonalité des sous- canaux).

❑ Une égalisation simple et un décodage optimal (Intervalles de garde).

❑ Une robustesse au bruit (chaque sous-porteuse est affectée indépendamment des autres).

❑ Une très grande flexibilité dans l'allocation des débits dans un contexte multi-utilisateurs.

❑ Une estimation du canal facilitée par les sous-porteuses d'apprentissage.

3ᵉ Partie Problématique

Chapitre 3 : BLR de Douala1.com

Introduction

La troisième partie de ce mémoire définit la problématique. Il s'agira de dégager la préoccupation principale abordée dans nos travaux à partir de la description de la BLR **Douala1.com** et de situer l'importance de la résolution du problème au niveau local. Pour cela, le réseau **Douala1.com** sera passé au scanner sur le point de vu des techniques et technologies qu'il implémente. Puis nous ferons un état des lieux de son déploiement et de sa portée actuelle, ce qui nous permettra de mettre en exergue ses limites.

3.1 Les offres de Douala1.com

Douala1.com a développé un ensemble de 7 catégories d'offres standards pour sa clientèle qui compte aussi bien les utilisateurs grand public que les professionnels et les entreprises qui exigent des offres à haut débit. Nous avons consigné dans le **Tableau 3.1** l'ensemble de ces offres.

Désignation	Description
KIKAO	Solution d'accès Internet sans fil basée sur le réseau 3G de Douala1.com.
CityNET	Solution d'accès Internet sans fil par connexion à la Boucle Locale Radio (BLR) de Douala1.com.
LinkNET	Solution d'accès Internet sans fil par déploiement d'une liaison point à point dédiée entre Douala1.com et le site du client.
MetroCONNECT	Solution d'interconnexion de deux ou plusieurs sites dans la même ville à travers la Boucle Locale Radio de Douala1.com.
MetroInterCONNECT	Solution d'interconnexion de deux sites entre deux villes à travers la Boucle Locale Radio de Douala1.com dans lesdites villes et la dorsale fibre optique de CAMTEL entre ces villes.
RemoteNET	Solution d'accès Internet par VSAT basée sur la technologie i-Direct en bande C.
SYDONIA_DLA	Solution qui offre une connexion sécurisée à la plateforme Sydonia à travers le réseau de Douala1.com, pour les partenaires de l'administration douanière.[1]

Tableau 3.1: Catégories d'offres de Douala1.com.

3.2 Le réseau BLR

La BLR de **Douala1.com** consiste en un ensemble de 2 sites séparés d'une distance d'environ 2 km et subdivisés en 13 secteurs qui desservent une partie de la ville de Douala **Figure 3.1**.

Un abonné quelconque se connectera à la boucle locale radio pour deux raisons principales :

※ **L'accès à Internet sans fil (CityNET)**

※ **Interconnexion de 2 ou plusieurs sites** : par la création des réseaux locaux virtuels ou VLAN **(MetroCONNECT) Figure 3.2**.

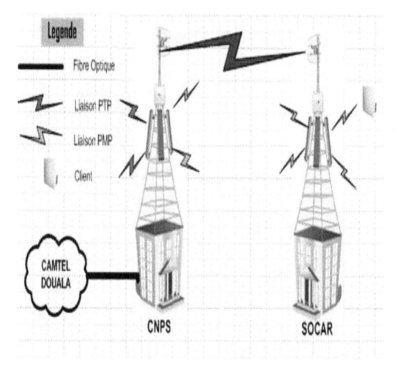

Figure 3.1: Topologie de la BLR Douala1.com.

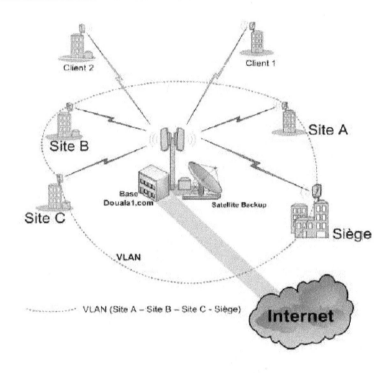

Figure 3.2: Interconnexion de sites via la BLR.

3.3 Technologie et techniques

La BLR de **Douala1.com** repose sur la plateforme *BreezeAcces XL* du constructeur *Alvarion*. Cette technologie d'accès sans fil opérant dans la bande **3.5 GHz** suivant la norme **802.11**, offre des capacités de déploiement rapide. Elle utilise plusieurs types d'équipements.

3.3.1 Équipements

■ **Équipement d'abonné ou SU** (*Subscriber Unit*) : Inclue une unité interne et une antenne plane externe reliées entre elles par un câble coaxial.

■ **Unité d'accès ou AU** (*Access Unit*) : C'est la station de base proprement dite. La configuration AU de la technologie *BreezeAcces XL* concerne deux équipements : l'un, externe contient l'antenne et l'autre, interne contient la radio. **Figure 3.3.**

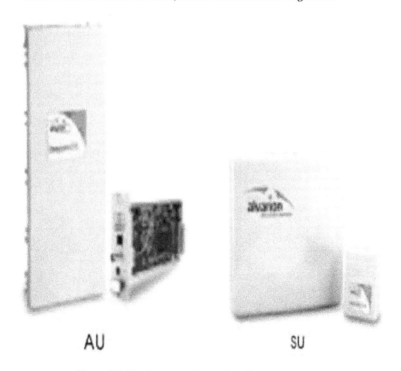

Figure 3.3: Equipements du système BreezeAcces XL.

Le **Tableau 3.2** représente les spécifications techniques majeures des équipements radios de la plate forme *BreezeAcces XL*.

Operation Mode		Frequency Division Duplex		
Radio Access Method		FH-CDMA		
Bandwidth Allocation		Up to 50 MHz		
Channel Bandwidth		2 MHz		
Sub-channel Spacing		2 MHz or 1.75 MHz (depending on model)		
Modulation		GFSK modulation, with 2, 4, 8 modulation states (1, 2, 3 bits / symbol).		
Gross Bit Rate		1, 2, 3 Mbps		
Symbol Rate		1 Msymbol/sec.		
Antenna	AU-RA 3.3, 3.5 and 3.6	16.5 dBi (3.4-3.7 GHz) or 14.5 dBi (3.3-3.4 GHz, 3.7-3.8 GHz), 60° horizontal x 10° vertical, vertical polarization. ETSI CS2 compliant		
	SU-RA 3.3, 3.5 and 3.6	18 dBi (3.4-3.7), 20° horizontal x 20° vertical, vertical polarization, EN 302 085 V1.1.1, Class TS 3 Range 1 compliant		
Output Power	SU-A/E, AU-A/E	28 dBm typical Output control range: 20dB typical		
Receive Nominal Sensitivity	SU-A/E	1 Mbps	2 Mbps	3 Mbps
		-93 dBm	-86 dBm	-77 dBm

Tableau 3.2: Spécifications techniques du système BreezeAcces XL [4].

3.3.2 Rappel sur la technique FH-CDMA

Contrairement au DS-CDMA où l'information utile est directement étalée en y joignant un code de propagation ou au TH-CDMA qui transmet l'information par flashs indiqués par le code d'étalement, FH-CDMA change constamment la fréquence porteuse selon le code. Ainsi, la largeur de bande à n'importe quel instant donné apparait comme étroite ; mais vu sur une plus longue période, FH-CDMA peut être considéré comme une méthode à bande large au même titre que TH-CDMA et DS-CDMA. **Figure 3.4.**

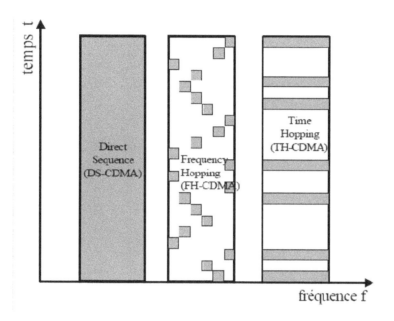

Figure 3.4: DS, TH, FH – CDMA.

3.4 Couverture actuelle

Comme illusré par la carte de la **Figure 3.5**, seulement **40 %** de la ville est parfaitement couverte par la BLR de **Douala1.com**. Soit environ **80 km²**. Les utilisateurs des zones périphériques ne sont actuellement arrosés que par des signaux de très faible qualité. Conséquence : il est impossible de densifier le trafic dans ces zones qui connaisent pourtant de nos jours une forte croissance démogrphique. Les populations des banlieux étant carement et simplement hors de portée de la BLR.

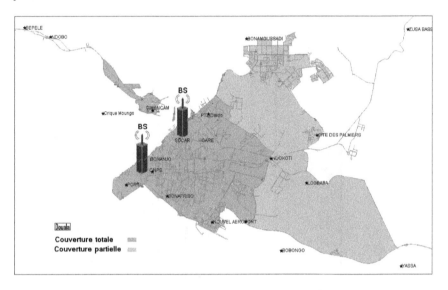

Figure 3.5: Carte de couverture du réseau BreezeAcces de Douala1.com.

Conclusion

Au vu de cette description, il ressort que le réseau BLR de **Douala1.com** fait face à un certain nombre d'obstacles. Ceux qui ont retenu notre attention sont les suivants :

1. Couverture insuffisante dans la ville Douala : près de **60 %** de la région reste non couverte.

2. Réseau pas assez dense : à cause de la capacité réduite du système BreezeAccess XL qui ne peut supporter des trafics de plus de **3Mbps**.

3. Non robustesse de certaines liaisons Point-à-point, qui sont une alternative actuelle au problème de capacité, suite aux interférences répétées sur celles-ci puisqu'elles utilisent les bandes sans licence.

4. Bande de fréquences licenciée disponible : les fréquences actuellement utilisées se situent dans la plage des fréquences des déploiements WiMAX.

Face à ces difficultés, **Douala1.com**, veut se doter d'une boucle locale radio plus performante. C'est à ce problème que nous nous sommes proposé d'apporter une solution dans un premier temps essentiellement technique à savoir : dimensionner un réseau d'accès basé sur le WiMAX permettant une couverture totale de la ville de Douala et offrant des services mobiles.

4ᵉ Partie Méthodologie

Chapitre 4 : Processus de déploiement

Introduction

Le déploiement d'un réseau WiMAX se fait en général en deux phases. La première est orientée couverture, c'est-à-dire assurer la couverture la plus complète de la zone cible. La deuxième, orientée capacité vise à satisfaire les besoins réels et latents des clients existants et potentiels, l'objectif étant la détermination du nombre de cellules requis pour répondre à la demande en bande passante. Généralement, la première phase est utilisée dans le 1ᵉʳ cycle de vie du réseau, la deuxième constituant la phase de densification, d'optimisation. Dans notre travail, nous tiendrons compte de ces deux aspects simultanément.

4.1 Étapes de déploiement

Le déploiement d'un réseau WiMAX suit l'organigramme de la **Figure 4.1**. Partant de l'acquisition d'une bande de fréquences à licence ou pas, et des paramètres de dimensionnement (cahiers techniques des équipements), on aboutit à la portée maximale du réseau via un bilan de puissances.

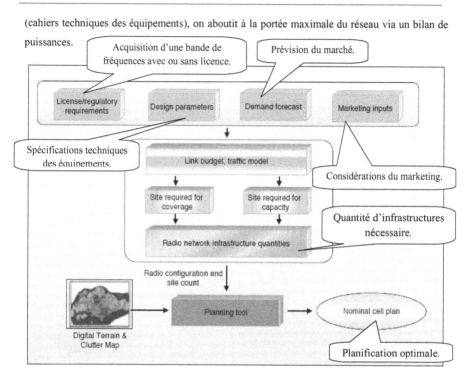

Figure 4.1: Etapes du déploiement du réseau WiMAX [9].

D'un autre côté, partant des considérations marketing et des prévisions de la demande, on obtient la capacité du système suivant le modèle de trafic considéré. En combinant capacité requise et portée maximale, on obtient la quantité d'infrastructures nécessaire. Par la suite, ces informations sont introduites dans un logiciel de planification en plus des données réelles des sites (carte, modèle numérique de terrain, type d'occupation des sols...) pour fournir une planification optimale.

4.2 Algorithme de dimensionnement

La solution que nous proposons est décrite par l'organigramme de la **Figure 4.2** également connu sous le nom de modèle technique de planification du WiMAX [4].

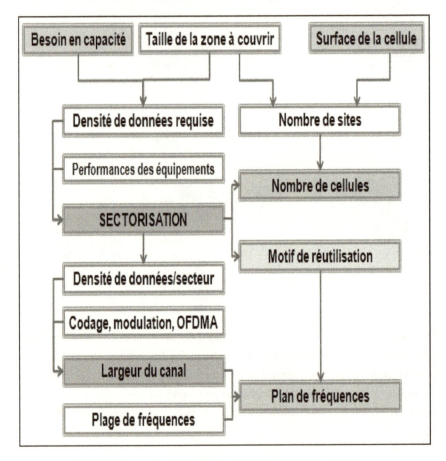

Figure 4.2: Modèle technique de planification du WiMAX.

4.2.1 Modèle de propagation d'Erceg - Surface de la cellule

⁜ **Modèle d'Erceg :** $1\,900 \leq f \leq 3\,500\ (MHz);\ 10m \leq h_b \leq 80m, 2m \leq h_{MS} \leq 10m.$

Basé sur une série d'expériences menées aux USA sur 95 macrocellules à 1.9 GHz, le modèle de propagation d'Erceg est adopté et recommandé par le groupe IEEE 802.16 et possède 3 variantes suivant le type de terrain : **Erceg A** (terrain accidenté à forte densité d'arbres), **Erceg B** (terrain accidenté à faible densité d'arbres ou plat à forte densité d'arbres) et **Erceg C** (terrain plat à faible densité d'arbres) qui correspond à la ville de Douala. Les pertes de propagation sont formées de 2 composantes : les pertes médianes et les pertes dues à l'ombrage conformément à la formule [4.1].

$$PL = \overline{PL} + \chi \qquad\qquad [4.1]$$

$\overline{PL}$: Perte de médianes.

χ : Pertes dues à l'ombrage.

Pertes de propagation médianes :

$$\overline{PL} = A(f) + 10.\,\alpha.\,log\left(\frac{d}{d_0}\right) + \Delta PL_f + \Delta PL_{hMS} + \Delta PL_{\theta MS} \qquad\qquad [4.2]$$

α : Exposant de perte.

d : distance émetteur-récepteur.

A(f) : Intercepte (pertes en espace libre à la fréquence désirée).

$d_0 = 100m.$

$\Delta PL_{MS} = \Delta PL_{hMS} + \Delta PL_{\theta MS}$: Facteur de réduction du gain de l'antenne.

ΔPL_f : Facteur de correction correspondant à la fréquence.

Les pertes en espace libre à la fréquence désirée et les facteurs de correction sont donnés par les relations [4.3], [4.4], [4.5] et [4.6] respectivement.

$$A(f) = 20log\left(\frac{4\pi d_0 f}{C}\right) = 20log\left(\frac{4\pi}{3}f\right) \qquad [4.3]$$

$$\Delta PL_f = 6log\left(\frac{f}{1900}\right) \qquad [4.4]$$

$$\Delta PL_{hMS} = \begin{cases} -10.8\log\left(\frac{h_m}{2}\right) \ pour \ Erceg \ A \ et \ B \\ -20\log\left(\frac{h_m}{2}\right) \ pour \ Erceg \ C \end{cases} \qquad [4.5]$$

$$\Delta PL_{\theta MS} = 0.64ln\left(\frac{\theta}{360}\right) + 0.54\left[ln\left(\frac{\theta}{360}\right)\right]^2 \qquad [4.6]$$

La valeur instantanée de l'exposant de perte α est donnée par l'équation [4.7].

$$\alpha = \left(A - Bh_b + \frac{C}{h_b}\right) + x\sigma_\alpha \qquad [4.7]$$

x : Variable aléatoire gaussienne à moyenne nulle et variance unité.

σ_α : Ecart type de la distribution exponentielle des pertes.

h_b : Hauteur de la BST [m].

h_m : Hauteur du terminal [m].

f : Fréquence centrale [Mhz].

θ : Angle d'ouverture de l'antenne [$°$].

Les paramètres du modèle d'Erceg A, B, C, et σ_α pour différentes catégories de terrains sont donnés dans le **Tableau 4.1**.

Pertes dues à l'ombrage :

Les pertes prédites par nombre de modèles pour un système opérant dans un environnement particulier devraient être constantes pour une distance BST-terminal donnée. En pratique les encombrements particuliers (immeubles, arbres) à une distance fixée vont être différents d'un chemin à l'autre. Certains chemins vont alors avoir une augmentation des pertes, et d'autres, une augmentation de la puissance du signal : ce phénomène est appelé ombrage ou évanouissement lent (*shadowing*) ; il est pris en compte dans le modèle d'Erceg par la variable χ dans la relation [4.1] et vaut :

$$\chi = y \times (\mu_s + z \times \sigma_s) \qquad [4.8]$$

y et z : Variables aléatoires à moyenne nulle et à variance unité.

μ_s *et* σ_s : Paramètres d'Erceg, donnés dans le **Tableau 4.1**.

PARAMETRES	MODELE A DE ERCEG	MODELE B DE ERCEG	MODELE C DE ERCEG
A	4,6	4.0	3.6
B	0.0075	0.0065	0.005
C	12.6	17.1	20
σ_a	0.57	0.75	0.59
μ_s	10.6	9.6	8.2
σ_s	2.3	3.0	1.6

Tableau.4.1: Paramètres du modèle d'Erceg.

✵ **Cas particulier de la ville de Douala (Cameroun)**

Comme nous l'avons déjà mentionné plus haut, la ville de Douala correspond au modèle d'**Erceg C** (terrain plat à faible densité d'arbres). Si de plus l'on suppose un déploiement WiMAX à **3.5 GHz**, nous avons les valeurs des paramètres de la formule [4.1] suivantes :

– *Intercepte (ou pertes en espace libre) :*

$$A(f) = 20log\left(\frac{4\pi}{3}f\right) = 20log\left(\frac{4\pi}{3}\frac{1}{1000}\cdot f\right) = 20log\left(\frac{4\pi}{3000}\right) + 20log(f)$$

f en MHz   f en GHz

Soit :

$$A(f) = -47,6 + 20log(f) \qquad [f \text{ en GHz}]$$

– *Exposant de pertes :*

$$\alpha = \left(A - Bh_b + \frac{C}{h_b}\right) + x\sigma_\alpha = \left(3,6 - 0,005h_b + \frac{20}{h_b}\right) + 1,6x$$

En tenant compte des valeurs du **Tableau 4.1**. Sa valeur moyenne est donnée par :

$$\overline{\alpha} = \left(3,6 - 0,005h_b + \frac{20}{h_b}\right) \qquad [h_b \text{ en m}]$$

– *Facteur de correction correspondant à la fréquence :*

f en GHz   f en GHz

$$\Delta PL_f(f) = 6log\left(\frac{f}{1900}\right) = 6log\left(\frac{f}{1900 \times 1000}\right)$$

Soit :

$$\Delta PL_f(f) = -37,7 + 6log(f) \qquad [f \text{ en GHz}]$$

– *Facteurs de réduction du gain de l'antenne :*

$$\Delta PL_{hMS} = -20log\left(\frac{h_m}{2}\right) \qquad [h_m \text{ en m}]$$

$$\Delta PL_{\theta MS} = 0,64ln\left(\frac{\theta}{360}\right) + 0,54\left[ln\left(\frac{\theta}{360}\right)\right]^2 \qquad [\theta \text{ en °}]$$

On en déduit l'expression des **pertes médianes** pour le cas d'étude :

$$\overline{PL} = -47,6 + 20\log(f) + 10 \times \left(3,6 - 0,005h_b + \frac{20}{h_b}\right) \times log\left(\frac{d}{d_0}\right) - 37,7 + 6log(f) - 20log\left(\frac{h_m}{2}\right)$$
$$+ 0,64ln\left(\frac{\theta}{360}\right) + 0,54\left[ln\left(\frac{\theta}{360}\right)\right]^2$$

Ou :

$$\overbrace{}^{\text{d en km}}$$

$$\overline{PL} = 26log(f) + \left(36 - 0,05h_b + \frac{200}{h_b}\right) \times log(10d) - 20log\left(\frac{h_m}{2}\right) + 0,64ln\left(\frac{\theta}{360}\right)$$
$$+ 0,54\left[ln\left(\frac{\theta}{360}\right)\right]^2 - 85,3$$

Et si l'on considère :

- *f= 3,5 GHz ;*
- *h_b=40 m ;*
- *h_m=3m ;*
- *θ=120° (antenne tri-sectorielle) ;*

On obtient :

$$\overline{PL} = 26log(3,5) + \left(36 - 0,05 \times 40 + \frac{200}{40}\right) \times log(10d) - 20log\left(\frac{3}{2}\right) + 0,64ln\left(\frac{120}{360}\right)$$
$$+ 0,54\left[ln\left(\frac{120}{360}\right)\right]^2 - 85,3.$$

Soit :

$$\overline{PL} = 39log(d) - 35,7 \qquad \text{(d en km)} \qquad |4.9|$$

Dans la pratique on peut se contenter de cette relation pour les pertes de propagation et négliger les pertes dues à l'ombrage. Mais grâce aux outils informatiques, on peut évaluer de façon plus précise PL.

− *Pertes dues à l'ombrage :*

$$\chi = y(\mu_s + z\sigma_s) = y(8,2 + 1,6z)$$

Rappelons que x, y et z sont des variables aléatoires gaussiennes (à moyenne nulle et à variance unité)[iii].

Le logiciel « *Plateforme de radiocommunications mobiles* » développé par le *Laboratoire d'Electronique et de Traitement du Signal* de l'Ecole Nationale Supérieure Polytechnique de l'université de Yaoundé I, en abrégé LETS *(http://www.polytechcm.org/lets/)*, nous a permis de d'obtenir le graphe des variations des pertes de propagation du modèle d'ERCEG en fonction de la distance BTS - MS. Le logiciel prend en entrée : Le type de terrain, la fréquence de déploiement, la hauteur des Stations de Base (BTS), la hauteur des Stations Mobiles (MS), l'angle d'ouverture des antennes, les variables gaussiennes et les contraintes d'utilisation du modèle. L'outil produit en sortie la courbe des pertes de propagation en fonction de la distance BTS - MS. De cette manière, ayant la valeur des pertes, nous pouvons déduire la distance BTS – MS et réciproquement. C'est cette méthode qui permettra de déterminer le rayon de la cellule. La figure [4.3] ci-dessous est une recopie d'écran du graphe obtenu :

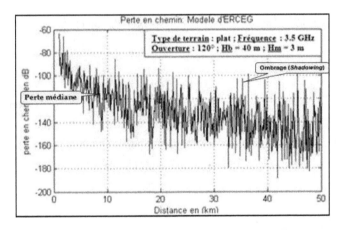

Figure 4.3: Modèle de pertes en chemin d'Erceg C.

[iii] Matlab possède une instruction qui permet de générer de telles variables.

On peut remarquer que les pertes en chemin augmentent avec la distance Terminal-BTS, la fréquence et l'ouverture de l'antenne. Tandis que plus le terminal et ou la BTS sont hauts, moins les pertes de propagation sont importantes.

✻ **Surface de la cellule**

Nous allons considérer un motif de déploiement hexagonal. C'est-à-dire que chaque cellule sera représentée par un hexagone régulier de rayon **R**. Et pour déterminer le rayon de la cellule, nous partons sur le principe qu'un mobile en bordure de cellule reçoit un signal de puissance minimale égale à sa sensibilité.

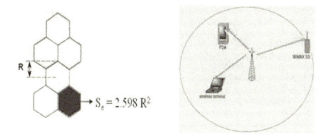

Figure 4.4: Principe de détermination de la surface d'une cellule.

4.2.2 Estimation du besoin en capacité

Pour aboutir à une estimation précise des besoins en capacité pour les nouveaux services à large bande, il faut anticiper sur la manière dont les abonnés vont utiliser les ressources réseau. Dans cette section nous exposons l'approche, prescrite par le *WiMAX forum* que nous avons utilisée. La densité de données exprimée en **Mbps par km²**, est le paramètre permettant d'évaluer les exigences en capacité. Sa détermination pour une région démographique donnée est un processus à plusieurs étapes. Ces étapes sont résumées dans le **Tableau 4.2**. Toutefois, il nous semble important d'insister sur certaines d'entre elles, en particulier les trois dernières.

Etape	Description	Commentaires
1	Densité de population	Se référer aux données de recensement
2	Taux de croissance démographique	disponibles
3	Marché cible	Tranche 15 – 75 ans
4	Taux de pénétration du marché	Dépend de la concurrence, du service
5	Profil des consommateurs	- Professionnel - Personnel - Occasionnel
6	Effet de la mobilité	Augmente le trafic de 15%
7	*Peak Busy Hour* (PBH) *Activity*	Nombre d'utilisateurs actifs au PBH
8	Performances désirées lors du PBH	Arbitraire
9	Densité de données requise	Simple calcul

Tableau 4.2: Etapes de détermination de la densité de données.

※ ***Peak Busy Hour (PBH) Activity ou trafic à l'heure de pointe*** : Ce paramètre est le plus difficile à prévoir avec précision car il dépend des usages, du profil des clients,... etc. Dans le trafic de données, les communications descendantes (DL) sont dominantes. Pour cette raison, nous allons exclusivement nous focaliser sur la prévision de la capacité en DL. Il est donc nécessaire d'estimer le rapport cyclique des communications DL pendant le PBH en notant qu'entre UL et DL, il y a des périodes dites « *mortes* » qui correspondent à des intervalles de temps pendant lesquels l'abonné actif examine ce qui vient d'être téléchargé, ou, subsidiairement, les informations à envoyer. **Figure 4.5.**

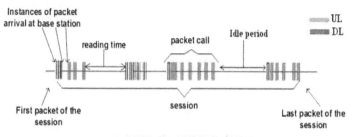

A TYPICAL WEB SESSION

Figure 4.5: Estimation du rapport cyclique en DL.

✹ ***Performances désirées lors du PBH*** : Ce facteur correspond au niveau de performance minimale souhaitée, il est tout à fait arbitraire et dépend de l'opérateur.

✹ ***Densité de données requise*** : On l'obtient en en combinant les hypothèses du PBH à :
- Un réajustement qui tient compte de la mobilité de la clientèle au cours du PBH.
- Une croissance du niveau d'activité sur le réseau estimée à environ **3%** par an.

La détermination de la densité de données requise pour les communications en sens descendant s'est effectuée par la relation [4.10] :

$$D_{DL} = (N_{Client} \times A_r \times DL \times D_{mPBH}) / S \qquad [4.10]$$

D_{DL}: Densité de données requise.

N_{Client} : Nombre de clients cibles.

A_r : Activité réajustée sur le réseau à l'heure de pointe.

DL : Rapport cyclique du DL.

D_{mPBH} : Débit minimal par abonné au PBH.

S: Surface de région.

4.2.3 Largeur du canal

Le débit utile dépend fortement de la chaine de transmission (modulation, codage). Son expression est donnée par [4.11].

$$D_u = (1 - G) \times R_b \tag{4.11}$$

Du : Débit utile

G : Préfixe cyclique

Rb : Débit brut

Le débit brut théorique peut être déterminé par l'expression en [4.12].

$$R_b = (N \times R_S \times M \times C) / R_C \tag{4.12}$$

La **Figure 4.6** qui schématise la durée d'un symbole OFDMA, comparée à la durée d'un symbole émis par un système à porteuse unique, autorise à calculer la fréquence d'émission des symboles **OFDMA** de la manière suivante :

$$R_s = 1 / T_{s,MC} = \Delta f = B / N \tag{4.13}$$

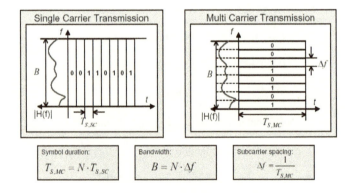

Figure 4.6: Durée d'un symbole OFDMA

Une substitution des formules [4.11], [4.12] et [4.13] conduit à l'expression finale du débit utile, relation [4.14].

$$D_u = (1 - G) \times M \times C \times B / R_C \qquad [4.14]$$

G : Préfixe cyclique.

C : Rendement du codage (1/2, 3/4, 4/5...).

M : Gain de modulation.

R_C : Taux de répétition du codage (1, 2, ou 4).

D_u : Débit binaire utile.

R_b : Débit brut.

N : Nombre de porteuses utiles.

Le préfixe cyclique (G) représente les intervalles de temps de garde séparant l'émission de deux symboles OFDMA consécutifs, introduits pour se prémunir des effets néfastes des **IIS**.

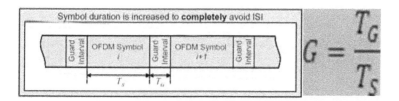

Figure 4.7: Le préfixe cyclique (G).

En production, le système utilisera une modulation adaptative, il conviendrait de se situer dans les conditions les plus défavorables pour garantir le débit minimum requis durant le PBH aux clients en bordure de cellule. Nous supposons que ces situations seront rares et fixons : $G = 1/8$, $M = 4$ *(16QAM)*, $C = 3/4$, $R_C = 1$ (pas de répétition du codage). Par suite, en remplaçant ces constantes dans [4.14], nous obtenons la condition [4.15] dont dépendra le choix de la largeur de bande.

$$B \geq \frac{Capacité\ requise/secteur}{3} \qquad [4.15]$$

Conclusion

Le dimensionnement d'un réseau WiMAX nécessite la prise en compte de 2 éléments de base à savoir la couverture et la capacité. Malheureusement, une grande couverture entraine très souvent une faible capacité et réciproquement. Juste pour dire que dans la pratique, il est difficile d'optimiser ces 2 grandeurs à la fois, on ne peut faire qu'au mieux. Mais comme le réseau est naissant, on se focalisera plus sur la planification de la couverture, le problème de capacités pouvant être résolu au fur et à mesure que le trafic se densifiera.

Chapitre 5 : Autres facteurs de déploiement

Introduction

En plus des éléments développés au chapitre 4, plusieurs autres facteurs peuvent avoir un impact aussi bien technique qu'économique sur le déploiement d'un réseau WiMAX. Il s'agit principalement de la gestion du spectre de fréquences, la configuration des antennes de la station de base et la constitution même de la station de base. Nous allons présenter dans ce chapitre les alternatives répertoriées pour chacune de ces notions.

5.1 Gestion optimale du spectre radio

5.1.1 Régulation de fréquences

Le WiMAX présente cet avantage de pouvoir opérer dans les bandes de fréquences avec ou sans licence.

* **Bandes sans licence (2.4 GHz et 5.8 GHz):** Offrent une rapidité de déploiement ; mais sont sujettes à des interférences répétées.
* **Bandes à licence, cas de Douala1.com (700 MHz ; 2.5 GHz et 3.5 GHZ):** Moins sensibles aux problèmes de propagation, plus adaptées aux environnements NLOS, mais coût et délai d'attribution de licence élevés.

5.1.2 Motif de réutilisation des fréquences

Les déploiements cellulaires classiques utilisent des motifs de réutilisation pouvant atteindre **7** réduisant les Interférences Co-Canal (ICC) puisque la distance de réutilisation vaut alors **5** fois le rayon de la cellule, mais nécessitant **7** fois plus de spectre qu'un motif de **1**. Avec l'OFDMA, des motifs plus agressifs peuvent être choisis pour améliorer l'efficacité de la totalité du spectre. Les deux configurations de réutilisation pour un déploiement cellulaire WiMAX sont le motif de **1**, **(c, 1, 3)**[iv] ou *Reuse 1* aussi appelé motif universel, et le motif de **3** : **(c, 3, 3)** ou *Reuse 3*. **Figure 5.1.**

✳ **Reuse 1** : Même fréquence déployée dans tous les secteurs, utilisation de moins de fréquences, permutation pseudo-aléatoire des sous-porteuses pour atténuer les ICC en bordure de cellule, utilisation partielle des sous-porteuses utiles ce qui réduit les capacités.

✳ **Reuse 3** : Canal unique pour chaque secteur, 3 fois plus de spectre que le *Reuse 1*, ICC et interférences en bordure de cellule diminuées, utilisation totale des sous-porteuses utiles, efficacité spectrale de chaque canal augmentée.

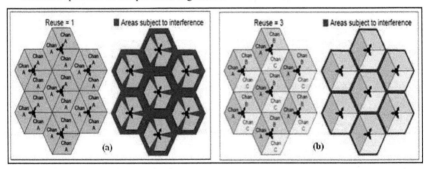

Figure 5.1: Motifs de réutilisation des fréquences.

[iv] *(c, n, s)* : c : nombre de sites, *n :* nombre de canaux uniques requis, *s :* nombre de secteur par station de base.

5.2 Configurations d'antennes

En plus des configurations **SIMO** et **MIMO** des antennes, WiMAX mobile prend en charge la gamme complète d'antennes intelligentes ; ceci permet d'améliorer ses performances. Bien que les fonctionnalités avancées de bon nombre de ces antennes de BTS soient optionnelles, la station mobile doit supporter l'ensemble de ces options pour assurer l'interopérabilité.

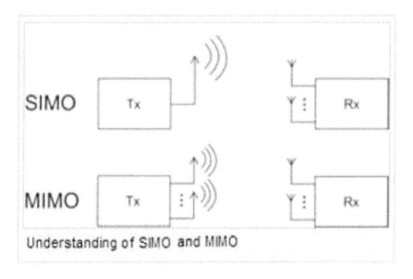

Figure 5.2: Principe des antennes SIMO et MIMO.

5.2.1 Station de Base (1xn) SIMO

Elle est formée de 1 antenne émettrice et *n* antennes réceptrices. Cette configuration profite des trajets multiples pour améliorer la qualité des communications en liens montantes.

5.2.2 Station de Base (nxm) MIMO

Avec *n* antennes émettrices et *m* antennes réceptrices, cette configuration offre 2 possibilités d'optimisation des performances qui peuvent être couplées pour en tirer meilleure profit, **Figure 5.3** :

❀ *Space Time Coding* ou *MIMO Matrix A* : Les données identiques sont envoyées par chaque antenne émettrice ; dans un environnement à trajet multiple, cette technique améliore le SNR et supporte des modulations plus élevées, ce qui augmente le débit et la portée du signal.

❀ *Spatial Multiplexing* ou *MIMO Matrix B* : chaque antenne émettrice de la BS envoie un flux de données différents. Cette technique utilise les trajets multiples pour distinguer les différents flux de données et théoriquement permet de double le débit.

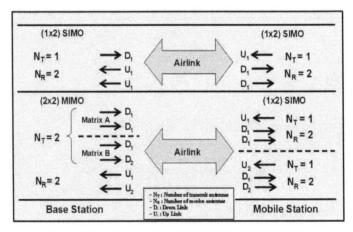

Figure 5.3: Stations de base (1x2) SIMO et (2x2) MIMO.

5.2.3 Station de base à antennes intelligentes

Deux catégories d'antennes intelligentes existent :

- *Antenne à commutation de faisceaux* : Divise l'espace angulaire en micro secteurs chacun contenant un diagramme de rayonnement prédéterminé. Si un utilisateur entre dans la zone de couverture du système et qu'il est détecté, le système détermine dans quel secteur se situe l'utilisateur et commute sur le faisceau correspondant.

- *Antenne adaptative* : l'antenne adapte son diagramme de rayonnement en fonction de la position des utilisateurs et des signaux parasites et oriente plus précisément sa puissance dans les directions utiles tout en modulant l'intensité de la puissance émise. **Figure 5.4.**

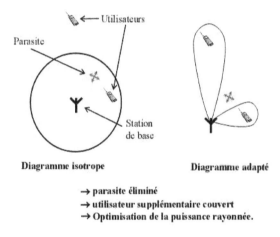

Diagramme isotrope   Diagramme adapté

→ **parasite éliminé**
→ **utilisateur supplémentaire couvert**
→ **Optimisation de la puissance rayonnée.**

Figure 5.4: BTS à antenne adaptative.

5.3 La station de base

La métrique clé d'un réseau cellulaire est le nombre de stations de base WiMAX nécessaire pour répondre tant aux exigences de capacité que de couverture. Pour mieux comprendre et évaluer les investissements sur la station de base, il est pratique de la scinder en trois composantes majeures: l'infrastructure, les équipements et l'interconnexion (*Backhauling*). **Figure 5.5.**

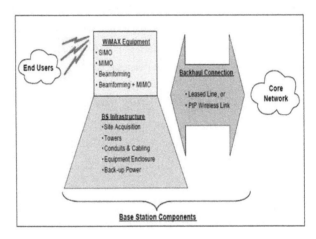

Figure 5.5: Eléments d'une station de base WiMAX.

5.3.1 Les infrastructures

La préparation des sites devant abriter les équipements contribue de manière significative au cout de la BTS. Ceci consiste à l'acquisition des sites, l'implantation des pylônes pour les antennes, le control de l'environnement d'opération des équipements (climatisation), les alimentations électriques primaire et secondaire, le câblage, les conduits etc. Ces éléments se combinent souvent en ce que l'on appelle travaux de génie civil.

5.3.2 Les équipements

Les fournisseurs offrent des gammes d'équipements capables de s'adapter à des architectures et à des scénarios de déploiement variés. Ces options vont des mini-stations pour déploiements économiques et à faible capacité aux macros stations de base pour déploiements évolutifs, basées sur des plates-formes de très haute capacité. **Figure 5.6**. Certaines architectures nécessitent le montage sur la tour des composants actifs. Bien que cette éventualité assouplit les contraintes de puissance d'émission et de facteur de bruit en contournant les pertes dues aux câbles, elle impose l'usage d'infrastructures civiles plus robustes et augmente les frais d'entretien.

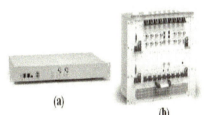

(a)   (b)
Figure 5.6: Stations de base WiMAX.

5.3.3 La transmission (*Backhauling*)

La transmission concerne la ligne de transport entre BS et la passerelle de connexion au cœur de réseau du fournisseur (**ASN-GW**). Elle peut être réalisée par le biais de lignes louées, ou d'une liaison sans fil point-à-point (PTP), **Figure 5.7**. Les éléments de transmission doivent êtres souples, évolutives, de très haute capacité, et disponible à **99.99%**. Une station de base à grande capacité en milieu urbain nécessite un *Backhauling* de type **OC-3**[v] ou **2xOC-3**. Le **Tableau 5.1** donne certaine unités couramment utilisées pour indiquer les capacités des liaisons dédiées.

---

[v] OC: *Optical Carrier* spécifie la capacité d'un réseau fibre optique conformément au Standard SONET.

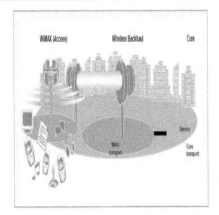

Optical Carrier Level	Data Rate
OC-1	51.84 Mbps
OC-3	155.52 Mbps
OC-12	622.08 Mbps
OC-24	1.244 Gbps
OC-48	2.488 Gbps
OC-192	10 Gbps
OC-256	13.271 Gbps
OC-768	40 Gbps

Figure 5.7: Transmission sans fil dédiée.   **Tableau 5.1: Optical Carrier Level.**

5.4 Outil de simulation-constructeur

Simulation	
Nom	**Usage et description**
SignalProEDX (Evaluation)	- Outil de planification radio.
Caractéristiques système minimales	
Windows 2000/XP/ Vista	- 512 Mo de mémoire vive. - 1.5 GHz de processeur.
Constructeur	
Alvarion	Leader des solutions WiMAX sur le marché.

Tableau 5.2: Outil de simulation et constructeur.

Le logiciel **SignalproEDX** (**www.edx.com**) propose une gamme complète d'outils de conception et de simulation des réseaux sans fil. Ses applications sont multiples : la diffusion, les liaisons micro-ondes, la radiomessagerie, les réseaux cellulaires, WiFi, CDMA, UMTS, WiMAX, réseaux maillés...

Depuis sa création il y a plus de 10 ans, **Alvarion** (**www.alvarion.com**) s'est engagé dans le processus de création et de développement de nouvelles normes pour les applications à haut débit par son implication continue auprès de l'IEEE et du WiMAX Forum, ce qui a fait de lui le leader mondial des solutions WiMAX.

Conclusion

Nous avons présenté les autres éléments qui rentrent dans le déploiement d'un réseau d'accès WiMAX mobile. En somme, nous pouvons dire que la bande de fréquences choisie a une influence sur le motif de réutilisation, tandis que les infrastructures de la BTS doivent s'adapter à la configuration d'antenne. Par ailleurs, la capacité de transmission doit être dimensionnée à la taille de la station de base.

5ᵉ Partie Résultats

Chapitre 6 : Résultats

Introduction

Au terme de la description de l'ensemble des opérations mentionnées tout au long de ce projet, nous allons consacrer cette partie à la présentation des résultats essentiels aux quels nous sommes parvenus sur la base des hypothèses posées dans la partie méthodologie.

6.1 Nombre de station de base

Pour l'estimation de la couverture, les paramètres de conception ont étés regroupés dans le **Tableau 6.1**, ce qui a conduit au bilan de puissance de la **Figure 6.1**.

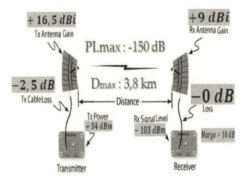

Figure 6.1: Bilan de puissances.

Paramètre	Notation	Valeur	Commentaire
Bande de fréquence	Band	3 400 – 3 432 MHz	
Largeur du spectre	B_T	32 MHz	Bande à licence
Hauteur de la BST	H_{bs}	30 m	Hauteurs typiques
Hauteur du mobile	H_{ms}	2 m	
Surface de la ville	S_{Dla}	210 km² [19]	
Modèle ERCEG	Erceg C		Terrain plat à faible densité d'arbre (Douala)

Equipements [14]		
Description	**Modèle**	**Constructeur**
Station de Base WiMAX	BreezeMAX™ 3.3 - 3.8 GHz BAND	ALVARION
Equipement d'abonné WiMAX	BreezeMAX™ CPE Self Install	

Station de Base WiMAX	
Bande de fréquence	1.5GHz; 2.3GHz; 2.5GHz; 3.3 - 3.8GHz ; 5 GHz
Capacité	Jusqu'à 72Mbps par secteur et 432 Mbps par BS
PHY	256 FFT OFDMA et 512 FFT SOFDMA pour mobile WiMAX
Mode Duplex	FDD / TDD
Modulations	64QAM à BPSK (8 nivaux d'adaptation)
FEC	Reed Solomon : Rendement: 1/2, 2/3, 3/4
Largeur du canal	1.75MHz, 3.5GHz, 5MHz, 7MHz, 10 MHz
Puissance max.	34dBm
Antenne	16,5 dBi - (60°, 90°, 120°, Omni)

Equipement d'abonné WiMAX	
Bande de fréquence	1.5GHz; 2.3GHz WCS; 2.5GHz BRS ; 3.3 - 3.8GHz ; 5 GHz
PHY	OFDM 256 FFT

Mode Duplex	FDD / TDD
Modulations	64QAM à BPSK (8 nivaux d'adaptation)
Largeur du canal	1.75MHz, 3.5GHz, 5MHz, 7MHz, 10 MHz
Puissance max.	24dBm
Antenne	18 dBi intégrée, 12 dBi *window mounted* et 9 dBi 6 éléments
Sensibilité	-82/-85 dBm pour modulations élevées (QAM), -100/-103 dBm (BPSK)

Tableau 6.1: Paramètres du dimensionnement de couverture.

Les cellules auront un rayon **3,8 km**. Et sachant qu'on dénombre autant de sites qu'il y a d'éléments hexagonaux (**Figure 4.4**), on déduit le nombre de sites en divisant la surface de la ville de Douala par la surface d'une cellule. Soit :

6 sites d'environ 35 km² chacun.

6.2 Densité de données requise-sectorisation

6.2.1 Région métropolitaine

La métropole de Douala est composée d'un centre urbain à forte densité de population, entouré de zones de moins en moins dense. Partant de la carte de répartition de la population dans la ville de Douala **Figure 6.2**, nous avons estimé la décomposition en régions du **Tableau 6.2**.

Densité de la population

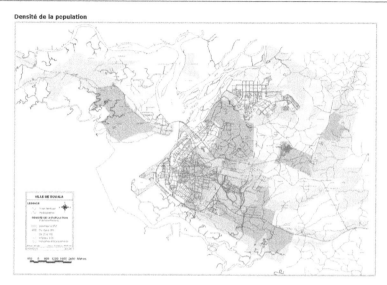

Figure 6.2: Densité de la population à Douala [19].

Nous avons considéré comme région urbaine, l'ensemble des zones où la densité de la population est au moins égale à **150 habitants / ha**.

Milieu	Superficie
Urbain	120 km²
Suburbain	90 km²
Total	**210 km²**

Tableau 6.2: Décomposition en régions de la métropole Douala.

6.2.2 Exigences en capacité lors du PBH

Le **Tableau 6.3** résume les hypothèses retenues pour le niveau d'activité tolérable, le rapport cyclique minimal des communications DL sur une session Web, et le débit minimal par utilisateur. Hypothèses posées pour le PBH, selon les profils des abonnés de **Douala1.com** illustrés à la **Figure 6.3**.

Profil client	Pourcentage du marché	PBH Activity 1/N actifs	Rapport Cyclique DL	Débit min. /abonné au PBH
Professionnel	35 %	N = 5	25 %	1024 kbps
Personnel	45 %	N = 7	25 %	512 kbps
Occasionnel	20 %	N = 30	25 %	128 kbps
Moyenne sur l'ensemble des clients		**N ≈ 7**	**25 %**	**D ≈ 615 kbps**

Tableau 6.3: Estimation des exigences en capacité lors du PBH.

Une bande passante minimale de **512 kbps** permettrait, à un utilisateur au profil *«personnel»* de télécharger une pièce jointe d'environ 30 pages[vi] d'un E-mail en moins de **6** secondes. Ce débit requis pendant l'heure de pointe correspond au pire des cas. En effet, si l'activité sur le réseau chute, l'abonné aura accès à plus de bande passante. Cela permettrait le téléchargement du document ci-dessus mentionné plus vite.

[vi] Un document de **30** pages comportant de nombres images vaut généralement entre **2 et 3Mo** [12].

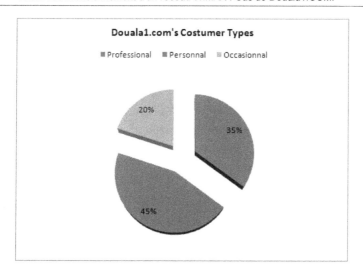

Figure 6.3: Profils des abonnés de Douala1.com.

L'étude du marché menée par **Douala1.com** a conduit à une estimation de **15 000** clients cibles d'ici **10 ans**. La densité de données requise est alors calculée par la relation [4.9] et les résultats sont consignés dans la **Table 6.4**.

Région considérée	Nombre de clients	Rajustement du à la mobilité	Densité de données
Urbain - 120 km²	10 000	15%	2,8 Mbps/km²
Suburbain - 90 km²	5 000	0%	1,7 Mbps/km²
Total 210 km²	15 000	---	**2, 3 Mbps/km²**

Tableau 6.4: Densité de données requise pour l'année 10.

6.2.3 Sectorisation

En considérant sa superficie (**35 km²**), un site devra gérer un trafic d'environ **80 Mbps**. Nous allons opter pour une tri-sectorisation des sites étant entend que la capacité de la BTS *BreezeMAX™ 3.3 - 3.8 GHz BAND* est de **72 Mbps/secteur**. Cf. **Table 6.1**. Dès lors, le trafic supporté par chaque secteur vaut pratiquement **27 Mbps**.

6.3 Planification des fréquences

Pour le déploiement de sa BLR, **Douala1.com** a souscrit dans la bande des **3.5 GHz**. Pour le futur réseau WiMAX, la plage de fréquences de **3 400 - 3 432 MHz** a été réservée. Soit une largeur de spectre de **32 MHz**.

Conformément à la condition posée en [4.14], nous choisissons des canaux de largeur **10 MHz** et proposons une planification à répartition centrale des fréquences. Le chronogramme de la **Figure 6.4** illustre cette solution.

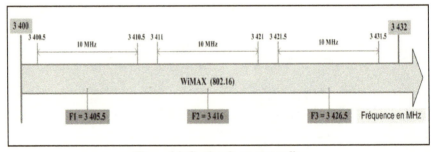

Figure 6.4: Gestion du spectre radio.

On peut remarquer des intervalles de largeur **500 kHz** ont été alloués comme intervalles de garde pour éviter d'éventuels chevauchements.

Le motif retenu est celui de taille 3, ce qui nous permet d'utiliser la totalité du spectre sur un site (3 secteurs). La **Figure 6.5** présente l'organisation des fréquences sur l'ensemble des 18 cellules.

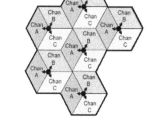

Figure 6.5: Plan de répartition des fréquences.

6.4 Configurations de la station de base

Pour tirer profit de leur performance, nous allons choisir la configuration des antennes de type *MIMO 2x2 Matrix B*. Cette option nécessite le montage de composants actifs sur des pylônes. Les infrastructures civiles devront en conséquence être plus robustes.

Compte tenu du trafic d'environ **80 Mbps** géré par chaque BTS, pour le système de transmission, nous prévoyons des lignes de type **OC – 3** qui ont une capacité de **155 Mbps**.

Conclusion

Partant des caractéristiques des équipements obtenues du constructeur, nous avons trouvé que la couverture de la totalité des **210 km²** de la ville de Douala par un réseau WiMAX mobile nécessite le déploiement de **6** stations de base, tri-sectorisées pour combler les attentes des **15 000 clients** prévus pour l'année 10. Nous avons également établi un plan de gestion des ressources radios réservées à cet effet.

Chapitre 7 : Simulations

Introduction

Une fois que les hypothèses, les paramètres et les résultats du dimensionnement ont été déterminés, il convient de les introduire dans un outil de planification ou un simulateur pour valider ou rectifier la méthode. Pour notre étude nous avons utilisé la version d'évaluation de l'outil *SignalPro* d'EDX.

7.1 Paramètres de simulations

Ces paramètres qui caractérisent le réseau ont été répertoriés dans le **Tableau 7.1**.

Paramètre	Description	Valeurs
WiMAX	Profil	Mobile
N_C	Nombre de cellules	6
S	Nombre de secteurs/cellule	3
$N_S = S.N_C$	Nombre total de secteurs	18
R	Rayon d'une cellule	3,8 km
D	Distance inter-site	6,6 km
Fréquences		
	Bande	3,5 GHz
	Plage de fréquences	3 400 – 3 432 MHz
	Nombre de fréquences	3 (3 405,5 - 3 416 – 3 426,5 MHz)
K	Motif de réutilisation	3
	Mode de duplexage	TDD

	Paramètres de propagation	
f	Fréquence centrale	3 416 MHz
PL	Modèle de perte	Erceg C
	Densité de bruit thermique	-174 dBm/Hz
	Marge de pénétration	10 dB
P_{BS}	Puissance d'émission maximale /secteur	2,5 W (34 dBm)
G_{BS}	Gain d'antenne d'une BS	16.5 dBi
	Configuration d'antenne	(2x2) MIMO Matrix B
H_{BS}	Hauteur d'antenne	30 m
	TERRAIN	
	Modèle numérique de terrain	
	Type d'occupation des sols	Non pris en compte
	Modèle démographique	
	Paramètres Interface Air OFDMA	
B	Largeur du canal	10 MHz
N_{FFT}	Nombre de sous-porteuses	512
N_u	Nombre de sous-porteuses utiles	310
Δf	Espacement entre sous-porteuses	10,94 kHz
T_S	Durée d'un symbole	91,4 µS
G	Préfixe cyclique	1/8
	Propriétés de trame	
T_F	Durée de la trame	5 ms
N_F	Nombre de symboles dans la trame	48
R_{DL-UP}	Ratio DL sur UL	3 : 1
	Backhauling	
	OC - 3	155,52 Mbps

Tableau 7.1: Paramètres de simulations.

7.2 Configurations du simulateur

7.2.1 Positionnement des sites.

Une fois que nous avons chargé et redimensionné la carte de la ville de Douala dans le simulateur, il a fallu positionner les stations de base de manière à obtenir une couverture optimale en termes de puissance reçue. La recopie d'écran de la **Figure 7.1** montre la disposition des 6 BTS dans une fenêtre *SignalProEDX*.

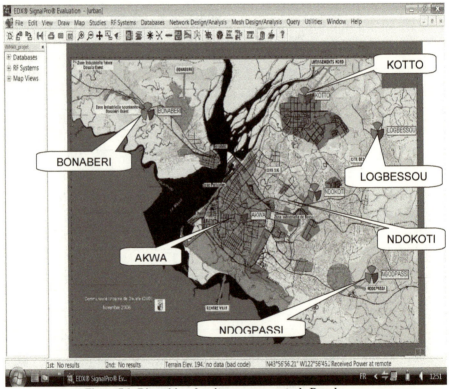

Figure 7.1: Disposition des sites sur une carte de Douala.

7.2.2 Configuration des stations de base.

Par la suite, nous avons procédé à la configuration des 18 secteurs, les uns indépendamment des autres, suivant les données du **Tableau 7.1**. Nous présentons ici quelques unes d'entre elles.

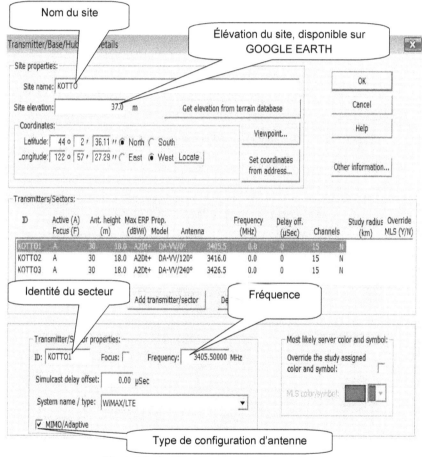

Figure 7.2: Configuration de base d'un secteur.

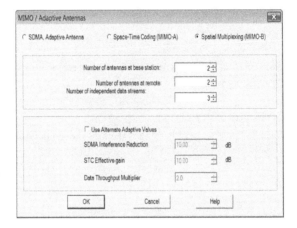

Figure 7.3: Configuration d'antenne en (2x2 MIMO-B).

L'outil dispose d'une large gamme de modèles de propagation, dont certains sont adaptables. Nous avons choisi le modèle d'Erceg C, **Figure 7.4.**

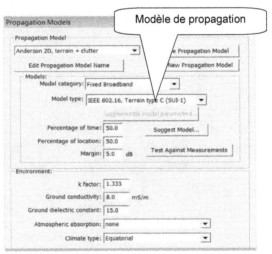

Figure 7.4: Configuration du modèle de perte.

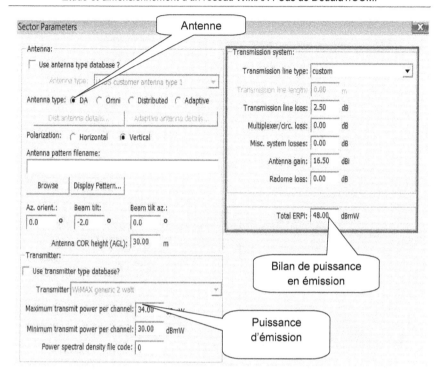

Figure 7.5: Configuration d'un élément émetteur.

SignalproEDX offre l'opportunité d'utiliser la base de donnés d'un certain nombre d'éléments émetteurs ou récepteurs préconfigurés. Dans notre travail, nous avons plutôt personnalisé ces éléments émetteurs, et pour les récepteurs, nous avons choisi dans la base de donnée le modèle : *WiMAX 10.0 MHz generic*, comme illustré par la **Figure 7.6**.

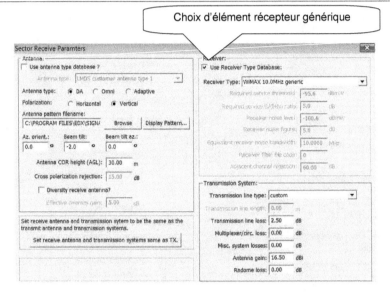

Figure 7.6: Eléments récepteurs.

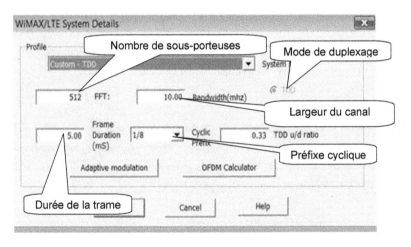

Figure 7.7: Définition des caractéristiques du symbole OFDMA.

7.2.3 Configuration des équipements d'abonné.

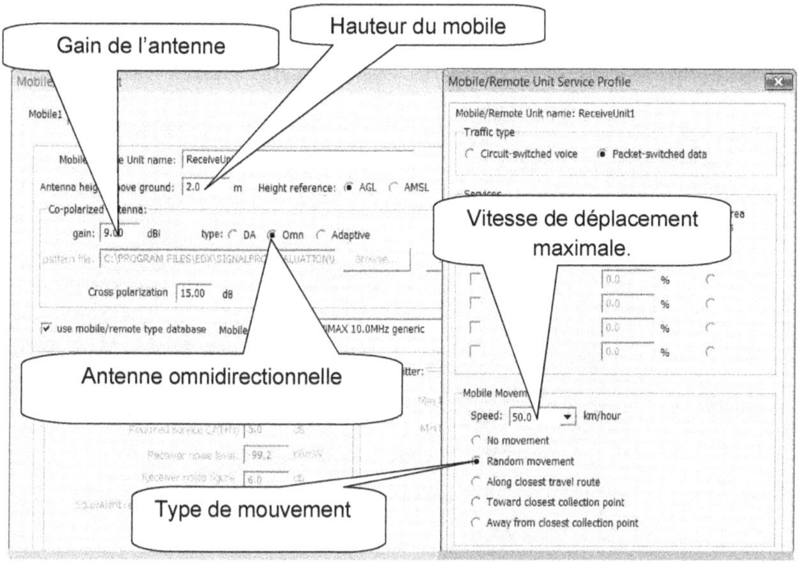

Figure 7.8: Equipement d'abonné.

7.2.4 Hypothèses de simulation.

Compte tenu de l'indisponibilité des données, nous n'avons considéré aucun modèle numérique de terrain, ni de type d'occupation des sols, ni de modèle démographique. En conséquence les fenêtres de configuration qui les concernent ont été paramétrées comme on peut l'apercevoir sur les captures de la **Figure 7.9**.

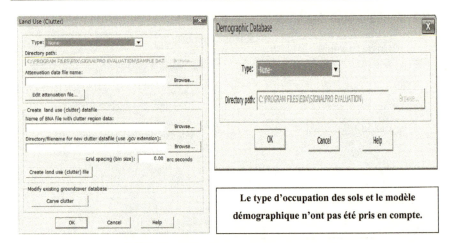

Le type d'occupation des sols et le modèle démographique n'ont pas été pris en compte.

Figure 7.9: Hypothèses de simulation.

Par contre nous avons utilisé une répartition uniforme du trafic de densité *2.3 Mbps/km²* comme illustré par l'image suivante, **Figure 7.10**.

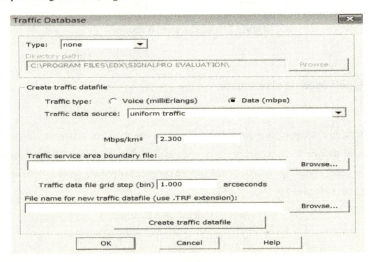

Figure 7.10: Modèle de trafic.

7.3 Résultats des simulations

7.3.1 Puissance reçue

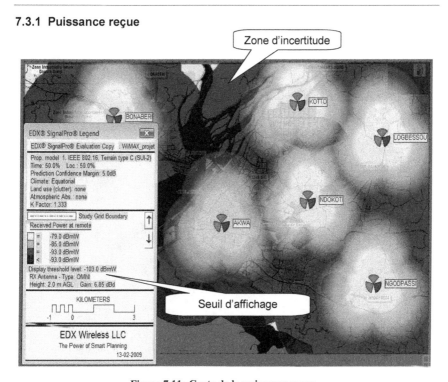

Figure 7.11: Carte de la puissance reçue.

On se rend compte que, la totalité de la ville est couverte par un signal de puissance au moins égale à la sensibilité des récepteurs (**-103 dBm**). Toutefois, nous pouvons définir une « *zone d'incertitude* » en bleu foncé, dans laquelle le niveau du signal varie entre **-93 dBm** et **-103 dBm**. Dans cette région, le signal peut rapidement être supplanté par les interférences et le bruit d'origines diverses. Dans la phase de déploiement, on devra s'efforcer à ce que cette zone couvre les régions des mangroves inhabitées. L'étude du SNR permet d'affiner l'analyse de cette zone.

7.3.2 Rapport signal sur bruit (SNR)

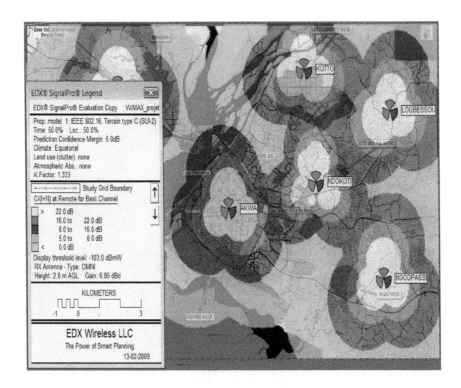

Figure 7.12: Carte du SNR.

Sur cette carte, la zone d'incertitude apparait plus clairement. Par ailleurs, on voit qu'en général, le SNR restera supérieur à **8 dB**, ce qui correspond au seuil pour les déploiements WiMAX [**3**].

7.3.3 Modulations numériques

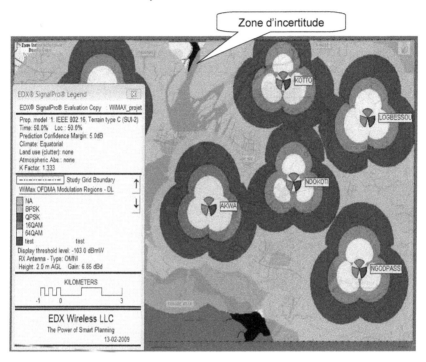

Figure 7.13: Carte des modulations numériques.

La carte des modulations numériques reflète très bien le principe de la modulation adaptative explicité par le schéma de la **Figure 2.7**. Nous pouvons remarquer que les modulations les plus récurrentes seront QPSK, 16 QAM et 64 QAM. Les bordures des cellules seront dominées par la modulation BPSK; la zone d'incertitude ne sera affectée par aucune modulation, ce qui peut se justifier car dans cette zone, le bruit prend le dessus sur le signal désiré.

Conclusion

À partir des différentes cartes obtenues des simulations, nous pouvons retenir deux choses. Premièrement, la méthode utilisée assure une couverture totale de la ville en terme de puissance reçue dès lors que les récepteurs possèdent au moins les caractéristiques de ceux qui ont été utilisés pour l'étude. Deuxièmement, cette puissance reçue peut sévèrement être atténuée par les interférences. Toutefois, nous avons vu que l'usage des motifs de réutilisation de grande taille contribue à diminuer ces interférences, le prix à payer étant la largeur de la bande qui sera multipliée. Disons enfin que la version du simulateur ne nous a pas permis de faire des analyses sur la capacité du réseau et sur la mobilité des abonnés.

6ᵉᵐᵉ Partie Conclusion

Conclusion générale

L'objectif de ce livre a été de mettre à la disposition du lecteur, une méthodologie d'étude et de dimensionnement d'un réseau d'accès basé sur la technologie WiMAX. Pour ce faire, nous avons commencé par faire une description générale de la norme WiMAX en détaillant son origine, son évolution et les techniques qu'elle utilise. Ensuite, nous avons abordé l'étude de la problématique en présentant les principales limites du réseau actuel de la société **Douala1.com**, notre cas d'étude, que sont la couverture partielle de la ville de Douala et sa capacité réduite. Cette étude a été suivie par la présentation des différentes phases du processus de planification et par l'explication de la méthodologie de déploiement proposée.

L'étude de ces deux dernières sections a pu détailler le modèle de prédiction sur lequel repose notre étude et les neuf étapes qui conduisent à l'estimation de la densité de données requise. Nous avons pu mettre en évidence l'interdépendance qui existe entre la couverture et la capacité du système WiMAX.

Le cinquième chapitre a été consacré à la présentation des autres éléments qui rentre dans le dimensionnement du réseau WiMAX. Dans une première phase, nous avons défini les alternatives de gestion efficace du spectre radio ; dans une deuxième phase, nous avons listé les différents modes de configuration d'antenne des stations de base. Et dans une troisième phase, nous avons montré comment choisir le système de transmission.

Enfin, nous avons utilisé les données analysées dans les chapitres précédents pour élaborer nos travaux de simulations. De ce fait, nous avons pu analyser les performances du système proposé en dressant des cartes de couverture et de modulations numériques.

Grâce à ce livre, nous avons pu analyser les problèmes fondamentaux que peut rencontrer un ingénieur radio, lors du déploiement d'un réseau d'accès WiMAX tels que le choix du modèle de propagation le plus approprié, l'estimation des besoins en bande passante, le choix et la gestion des fréquences…etc. Nos travaux ont été faite uniquement par rapport au lien descendant, et une perspective de ce travail est de l'étendre au lien montant. Aussi, la méthode que nous avons utilisée pour disposer les sites est essentiellement empirique ; elle peut être affinée afin d'améliorer les performances, surtout pour les zones très denses.

BIBLIOGRAPHIE

Ouvrages et Mémoires

[1]. MRIBAH Abdessalem, *Etude et Dimensionnement d'un Réseau de Nouvelle Génération (NGN). Cas d'étude : Tunisie Télécom*, Ecole Supérieure des Communications de Tunis, (Juillet 2006).

[2]. MOTSEBO Lylienne, *Modélisation des critères de qualification des systèmes client WiMAX* (Juillet 2008).

[3]. JEFFREY G. Andrews, Arunabha GHOSH, Rias MUHAMED, *Fundamentals of WiMAX: Understanding Broadband Wireless Networking* – Prentice Hall, February 27, 2007.

[4]. FORUM ATENA, *WiMAX à l'usage des communications haut débit* –Version partielle du 15 mars 2008.

[5]. TONYE Emmanuel, *Didacticiel de Radiocommunication mobile* – Ecole Nationale Supérieure Polytechnique, Yaoundé, (2009).

[6]. WiMAX FORUM, *A Comparative Analysis of Mobile WiMAX™ Deployment Alternatives in the Access Network*, May 2007.

[7]. WiMAX FORUM, *Business Case Scenarios in the Deployment of a WiMAX™ Network*, March 2009.

[8]. WiMAX FORUM, *System Evaluation Methodology*, Version 2.0, December 15, 2007.

[9]. BHARATHI Upase, MYTHRI Hunukumbure, SUNIL Vadgama, *Radio Network Dimensioning and Planning for WiMAX Networks* – Fujitsu Laboratories, October 2007.

[10]. LECOMTE Stéphane, *WiMAX pour convertir le large bande en opportunité pour tous*, – Business Development WiMAX, Alcatel-Lucent, 7 Novembre 2007.

[11]. G.COLLIN, T.DITCHI, E.GERON, *Optimisation d'un réseau de communication DECT à l'aide d'une antenne adaptative*, Laboratoire des Instruments et Systèmes d'Ile de France, Université Paris 6.

Documents électroniques

[12]. *http://fr.wikipedia.org/wiki/WiMax.*

[13]. *http://www.wimaxmaps.org/*

[14] BreezeMAX 2300/2500/3500/ TDD, *Technical Specification*, Document Revision 1.7, March 2007.

[15]. ALVARION, *BreezeACCESS XL Version 4.3, System Manual*, Alvarion, Revision 3.0, April 2003, 334 pages.

[16]. ALVARION, *BreezeCONFIG™ ACCESS Configuration Utility User's Guide*, Version 4.3, March 2003, 112 pages.

[17]. AVIV RONAI, *WiMAX Backhaul: No Longer Takes a Back Seat*, Ceragon Networks, October 2007.

[18]. WiMAX 802.16. *http://www.commentcamarche.net/contents/wimax/.*

[19]. *http://www.douala-city.org/fr/* (Site officiel de la Communauté urbaine de Douala).

[20].*http://www.suirg.org/pdf/SUIRG_WIMAXTestProcedures.pdf.*

[21]. EDX, *EDX Software Reference Manual*, Version 7, Revised: 2008/10/01, 274 pages.

ANNEXE

(1) : Antenne d'une BTS WiMAX.

(2) : Antenne d'abonné.

(3) : SU, Unité d'abonné.

(4) : Macro station de base.

www.ingramcontent.com/pod-product-compliance
Lightning Source LLC
Chambersburg PA
CBHW051256050326
40689CB00007B/1224